むかしの家に学ぶ

畑田 耕一 編著

登録文化財からの発信

HANDAI Livre 052
大阪大学出版会

はじめに

英国の宰相チャーチルは「人は家をつくり、家は人をつくる」と言い、また、陶工、加藤唐九郎は「文化を語る人は素養として建築を学ばねばならない」と言ったという。(1) 人は自らを取り巻く様々な環境条件の中で体得した知識、技術、文化・風習などを基にして、いろいろな工夫をしながらその土地や時代に即した建築を作り上げる。したがって、建築は作られたときから独自の文化を担っている。それを使用し、住まいする人達はその建築ならびにそれと一体をなしてその価値を形成している土地その他のものに文化を感じつつ、さらに異なる、あるいは、新しい文化を付け加えていく。使用する人の必要性、考えや工夫によって加えられた大小の改造や住宅における家具もまた文化を担う建築の一部である。(2) 住宅においては柱やふすまの瑕や落書きさえもその住宅で生活してきた人々の歴史の証である。建築は住まいし、生活するところであると同時に、人間の歴史を学ぶ最も身近な教材でもある。教育の主たる目的が文化の伝承であるならば、歴史の学習が重要であることは間違いない。建築はまさに歴史・文化を学び、それを伝承・発展させるための教材である。限りある人の命を超えて文化を伝承する文化財であることも忘れてはならない。筆者らは以前から人間が生きていくための三大要件、衣・食・住の中の一つである「住」について、伝統的木造日本住宅が人間形成と文化伝承のための教育の場として大変重要な空間であることを述べてきた。[3、4] 本書では、文化遺産（文化財）としての建築の中で、特に伝統的木造日本住宅を中心に教育との関連についてさらに詳細に考察してみたい。

参考文献

（1）一色史彦、住まいの文化—川は流れている　http://www.geocities.jp/kokentik/sumai/culture1.html
（2）文化財保護法第一章第二条一項には有形文化財の定義が「建造物、絵画、彫刻、工芸品、書跡、典籍、古文書その他の有形の文化的所産で我が国にとつて歴史上又は芸術上価値の高いもの（これらのものと一体をなしてその価値を形成している土地その他の物件を含む。）並びに考古資料及びその他の学術上価値の高い歴史資料」と述べられている。
（3）畑田耕一、林義久、文化伝承の教室としての伝統的日本住宅—「住育」の大切さ、大阪府登録文化財所有者の会ホームページ「文・随想」　http://www.culture-h.jp/tohroku-osaka/bun5.html
（4）畑田耕一、林義久、建築と社会、二〇〇六年五月号

目次

第1章

伝統的木造住宅と国民の文化向上

（写真1）畑田家住宅

1．古い日本住宅に見られる生活の工夫

最近の日本の住宅は、夏は冷房、冬は暖房がよくきいて、随分快適になった。しかし、その代償として日常生活でのエネルギー消費は多くなったし、冷暖房の効率を上げるために家の中の無駄な空間がなくなって、機能的ではあるがゆとりのない家が多いような気がする。自然に立ち向かいこれを征服するためにエネルギーを使うという勿体ないことはせず、住居においても自然と共生するという日本古来の伝統文化が、少なくとも日本の住宅からは消えつつある。

（写真2）八畳の客間
田の字型平面の一つ

筆者が生まれてから大学院終了までを過ごした大阪府・羽曳野市の生家（写真1と14頁参照）は、改築後約一二〇年を経た、まさにゆとり一杯の古き良き日本家屋である。六畳の間二つと八畳の間二つの組み合わせの田の字型平面が家の中心で、各部屋は襖あるいは板戸で仕切られていて必要に応じて部屋の広さを変えられる。居室にもなり、会合にも使えるという古い庄屋の家の工夫である（写真2）。ふすま全てを外せば大きな部屋となり、人数に応じた会場をしつらえることがで

（写真３）畑田塾の一コマ
講師は元阪大総長金森順次郎先生

（写真４）簾障子

き、一九五五（昭和三〇）年頃に付けたサンルームも使うと最高八〇人位まで集うことができる（写真３）。天井が高く、田の字型平面から上がり框《かまち》を経て土間にむかう風の流れもよいので、八〇人入っても息苦しくなく、木と畳の醸し出す暖かい雰囲気で会合が持てる。また、この空気の流れと、古くてセルロース同士の分子間力が強くなった固い木と古畳のせいと思うのだが、音響効果もよく、ギター、オルゴール、アイリッシュハープのような繊細な音色もよく響き、大変よい雰囲気で音楽を楽しむことができる。

この家の中の空気の流れは、竈《かまど》を使うことがなくなって、竈の上の煙出しを取り外すまでは、もっと良かった。竈から出る煙は、家の中を通ってこの煙出しから外部に排出されるので、家の防虫にも役立つ。また、万一火事が起こっても家の中に有毒ガスが充満するのを防いでくれる。

夏は明かり障子や襖を、細く削った竹や葦の茎を利用した簾障子（葭障子）（写真４）にかえる。風通しがよくなり、外部からの放射熱が遮られ、風の涼しさが強調される。天然冷房機ともいえる、この簾障子を愛した人達には、いまの冷房機は実に勿体ないものに見えるかも

（写真5）大戸（勝手口）

（写真6）梁と簀戸

（写真7）供部屋の格子窓

しれない。夏の風がよく通るように作った家の間取りや、夏の強い直射日光を遮る長い庇《ひさし》も、夏を涼しく過ごすための生活の知恵である。また、藁《わら》で出来た畳は湿度の調整に役立っている。

一方、大戸（勝手口）（写真5）に続く土間とその奥の土間あるいは納屋とのあいだなどにある簀戸《すど》（写真6）や長屋門脇の供部屋の細い格子窓（写真7）は、中から外は見えても、外から中は見えないので、一種の守衛所の役目を果たす。座敷の長押《なげし》（柱と柱をつなぐ水平材）には、上側に細い溝がある。ここに小さな刀、槍、小石などを隠しておいて、不意の賊に備えたと聞いている。

（写真9）蔵の３室

（写真8）座敷の床柱の根元

住居にはいろいろな使い方のできる貯蔵庫がいる。床の下は六〇㎝ほどの高さで、一年を通してあまり温度が変わらないので、芋、味噌などの貯蔵庫に使用していた。農業用の竹や木の棹、建築廃材などの貯蔵にも用いられる。いまも、この家を約一二〇年前に改築したときに不要になった材木が保存されていて、その一部を家の修理に使用している。また、床に潜ると分かるが、柱の根元は地面に固定されていない。この浮動型の基礎の方式（写真8）は、直線的な揺れであれば、地震に対し強いと言われている。

蔵（写真9）は東、中、西の三室に分れていて、中央の中蔵は米倉で、板壁、床とも大変つくりがよい。西蔵は雑倉庫だが、東蔵の一階は簾障子や襖、秤や一斗枡などの計量器の収納に用いる。小さな窓一つで自然空調されている二階は、一年分のかき餅の乾燥、貯蔵と什器の収納に使われていた。蔵は全て二重扉で中側の扉は簀戸（写真10と11）となっていて、中で作業をするときの明かり取りとねずみなどの侵入を防ぐ役目をしている。またすべての敷居の外側には三〇㎝位のねずみ返し（写真11）が取り付けられている。なお、奄美諸島などに見られる高倉の一階天井の庇に当たる部分もねずみ返しの働きをしている。

（写真 10）蔵の簀戸

（写真 11）蔵の戸とねずみ返し

（写真 12）主な納屋の正面

蔵に続く二つの納屋（物品の収納と作業に使用）（写真12および写真13）には、いずれも中二階があって、わらで作られた畚《ふご》、莚《むしろ》、雨合羽など湿っては困るものの収納に使われていた。また主屋の土間横の納屋の天井の一部は、「つし」二階への入口に、また他の一部は中二階として女中部屋に利用されていた（写真14）。こいのぼりの棹など長いものの収納場所として利用されている庇の下（写真13）、先に述べた床の下や座敷の長押なども含めて、家の中の一寸した空間が実に上手に利用されている。

母屋の屋根裏いわゆる「つし」（写真15）には格子窓が左右二つずつ

（写真 13）西蔵につながる納屋（写真奥）と主な納屋（手前）　庇の下は鯉のぼりの棹

（写真 14）つしへの登り口

あって、風通しが良く、一年中の柴の乾燥、貯蔵に使われる。ここを風が吹き抜ける構造にしてあるのは台風のときの横風の影響を和らげるのにも役立っていると思われる。日本の屋根の形は、台風のとき「ベルヌーイの定理」に従って屋根近傍の空気圧が下がるため、屋根が真上から押し付けられて瓦が飛んだりするのを防いでくれる。瓦はその重みで家を地面に押し付けて安定化させるのと同時に、その断熱効果で家の中の温調にも一役買っている。

（写真 15）つし（母屋の屋根裏）

　勝手口奥の土間に続く台所は、お世辞にも機能的で

（写真16）かまど

（写真17）薬莢で作った花瓶

便利とは言えないが、それでも三基の竈（写真16）には、鍋の大きさに合わせていろいろな大きさの輪が重ねて置けるようになっていて、どんな大きさの鍋も使えるように工夫されている。燃料は薪であるが、その燃えかすは火消しツボ（写真16参照）に入れて蓋をして空気を遮断して消し、カラ消しとする。カラ消しは、いわば発泡木炭のようなもので、大変火がつきやすく、七輪でちょっと煮炊きをするときの燃料や、火鉢の炭の火起こしに重宝である。

また、この火消しツボは使えるものは絶対に捨てない、生かして使うという「勿体ない」の心の現れの一つでもある。この「勿体ない」の心は、日本古来の生活を貫く基本的精神の一つである。日本の屋根瓦は先にも述べたように断熱効果が良くて、夏涼しく冬暖かい家を作るすぐれた機能材であるが、葺いてから時が経つと多少欠けたりゆるみが出て、雨漏りしたり台風のときに飛んだりするのが欠点である。この屋根の修理・保全にも「勿体ない」の心が十分に生かされているが、これについては、第1章4節「知恵の宝庫と工夫する心―勿体ない心と家」に詳しく述べることとする。

屋根瓦の葺き替えの方法に限らず、「勿体ない」の心によるエネル

（写真18）狭山池の樋の廃材でつくった碁盤

（写真19）行燈

（写真20）龕灯《がんどう》

ギー節約の工夫は多い。風呂と便所を隣り合わせにつくり、その間の壁に穴を開けて中に電球を入れ、風呂の側にだけガラスをはめ、一つの電球を両方の部屋の照明に使うなどもその一例である。

廃品利用というのも、「勿体ない」の精神に貫かれた生活の工夫の一つであり、同時にその品物が生きてきた歴史を後世に伝えようとする工夫でもある。日露戦争で使われた大砲の弾の薬莢で作った花瓶（写真17）や狭山池（大阪狭山市）の改修のとき村長をしていた祖父が記念品としてもらった樋の廃材で作った碁盤（写真18）などは、廃品利用と同時に、我が家の先祖も含めて人間の歴史を物語る資料でもある。

子供にとっては興味津々の道具類も多い。日本家屋は隙間風が多く、裸火は揺らいだり消えたりするので、火のまわりを紙で覆い、光を安定させる工夫をしたのが行燈《あんどん》である。畑田家に現存する行燈（写真19）は、木枠に紙を張り、中に和蝋燭と芯を入れた油皿を上下に組み合わせたものであるが、外側の木枠は紙の張替えの時に一時的に行燈が使えなくならないように、同じ物が二つ用意されている。何でもないことのようで、心のゆとりがないと実行できない生活の工夫の一

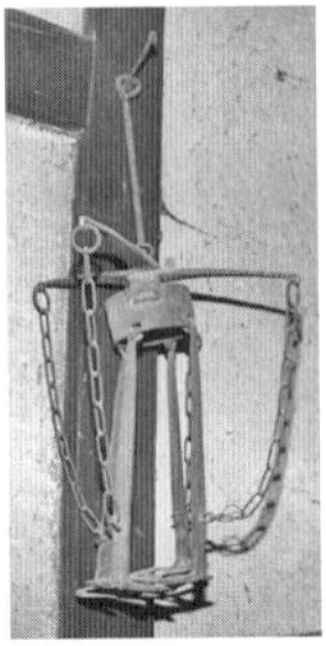

（写真 21）井戸に落ちたものをはさみ取る道具

（写真 22）米つき用杵

つである。

　どんな角度にゆらしても蝋燭の火の消えない龕灯《がんどう》（写真20）は起き上がり小法師の原理を応用した提灯といえるもので、現在の懐中電灯である。ブリキで作られた釣鐘形の外枠の中に、自由に回転する錘《おもり》つきのローソク立てを取り付けたもので、懐中電灯のように一方だけを照らすことができる。子供の頃これに火をつけて、あちこちで暗闇を照らすのは嬉しかった。戦後の物資不足の時代に蝋燭を懐中電灯と同じように使えるのは感動的でさえあった。

　井戸水は、夏は大変冷たく感じられ、筆者の子供の頃は、天然の冷蔵庫としてスイカやそうめんなどを冷やした。何かの拍子で結わい綱が切れて冷やしていたものが井戸の底に沈むと、ハサミ（写真21）と称する器具が威力を発揮する。一方の操縦桿に結んだ綱を引くと取手が開き、他方を引くと閉じる。馴れると大抵のものが拾える。父親が上手に拾うのを見て、自分も早くあんな風に出来るようになりたいなと思ったものである。米つき用の足踏み式の杵（写真22）、やらされるとしんどいが粉挽き用の大小の石臼（写真23）、棹秤（写真24）なども、いま考えてみると何となく高校の物理で習う原理を実体験させてくれ

（写真 23）石臼

（写真 24）棹秤

ていたように思う。たとえば、足踏み式の杵や棹秤を実際に使ったことのある者には、てこの原理を理解するのはわけのないことである。

さて、古い日本住宅には、何に使ったのか、あるいはどういう風に使ったのかが、はっきりしない空間や道具類も沢山ある。「この部屋の囲いのあるあの隅は何に使ったのかな?」とか、「この窓は何故ここにあるのか?」とか、「この道具は何に、どんな風に使ったのか?」など、子供の想像力をかきたてるものが一杯ある。また、家の中でも隠れん坊ができる空間・環境でもある。

（写真 25）長屋門の石畳（6 畳）

このような子供のころの家の中での昔の人間の営みについての体験や想像の時間は、年を経るにつれて人間の創造力、やがては文化の創造につながっていくと思うが如何であろうか。最近長屋門の屋根の下の石畳に畳を敷くと、きっちり六畳の空間になっていることを発見した（写真25）。「昔はここを何に使ったのだろうか?」「何かのときの舞台にしたのだろうか？」など、いろいろと想像の世界が広がる。子供のころ風邪を引いて寝ていたときに、高くて薄暗い天井の板の木目をじっと眺めていると波の打ち寄せる砂浜、人の顔、犬や猫、魚などの動物の姿、時には恐ろしい鬼の顔など、実にいろいろのものが眼前に浮かんできて退屈しなかったのを覚えている。目を凝らして見ていると二次元の画像が、目の焦点をぼかすと三次元の画像になったりする。テレビのない時代の子供は幸せだったなと思う。他人には秘密にしておきたいような空想の世界、他人とは共有しようのない夢想の世界、そこにゆったりと遊ぶことの出来たものは、やがて長じるにつれて、他人と共有可能で、しかも個性豊かな独創の世界、創造の世界に進んでゆけるのではなかろうか。現代の人がひょっとすると「無駄だ、無くしてしまいたい」と思うかもしれない空間やものが、歴史を担い文化を開く。極論すれば、家の隅や天井の梁の上などに溜まっているゴミもそれぞれの時代を特徴付ける分子の集団である。分子レベルの分析が容易に出来る時代になれば、ゴミもまた貴重な文化遺産である。古い家を大事に生かし続けて生きたいと思う所以である。

現在の日本の住宅は機能的で便利であって、わけのわからない隅など存在しない。隅から隅まで見えていて、隠れん坊などしようもない。言い方を変えると、ゆとりのない空間である。ゆとりのない住宅の空間から、落ち着いたゆとりのある社会を生み出すことは難しい。ゆとりのない社会では、ゆとりのある教育は行い難い。教育の世界も含めてゆとりのない社会から、新しい文化が生まれ、深まることは難しい。日本の古い家屋は、これまでの日本の文化の担い手であるだけではなく、新しい文化発信の拠点でもある。「文化財を保存し、且つ、その活用を図り、もって国民の文化的向上に資するとともに、世界の文化の進歩に貢献すること」という文化財保護法の目的は、このことを見事に言い表している。

（畑田耕一）

本節は畑田家住宅活用保存会ホームページ出版欄に掲載の「畑田耕一、古い日本住宅に見られる生活の工夫、ISBN4-903247-01-5（2004.11.1）」http://culture-h.jp/hatadake-katsuyo/shuppan-2.pdf を、許可を得て一部加筆・変更のうえ掲載するものである。また、本節を草するに当たり、畑田勇、石井智子、中村貞夫の三氏にいろいろと貴重なご意見を賜ったことを記して、謝意を表します。

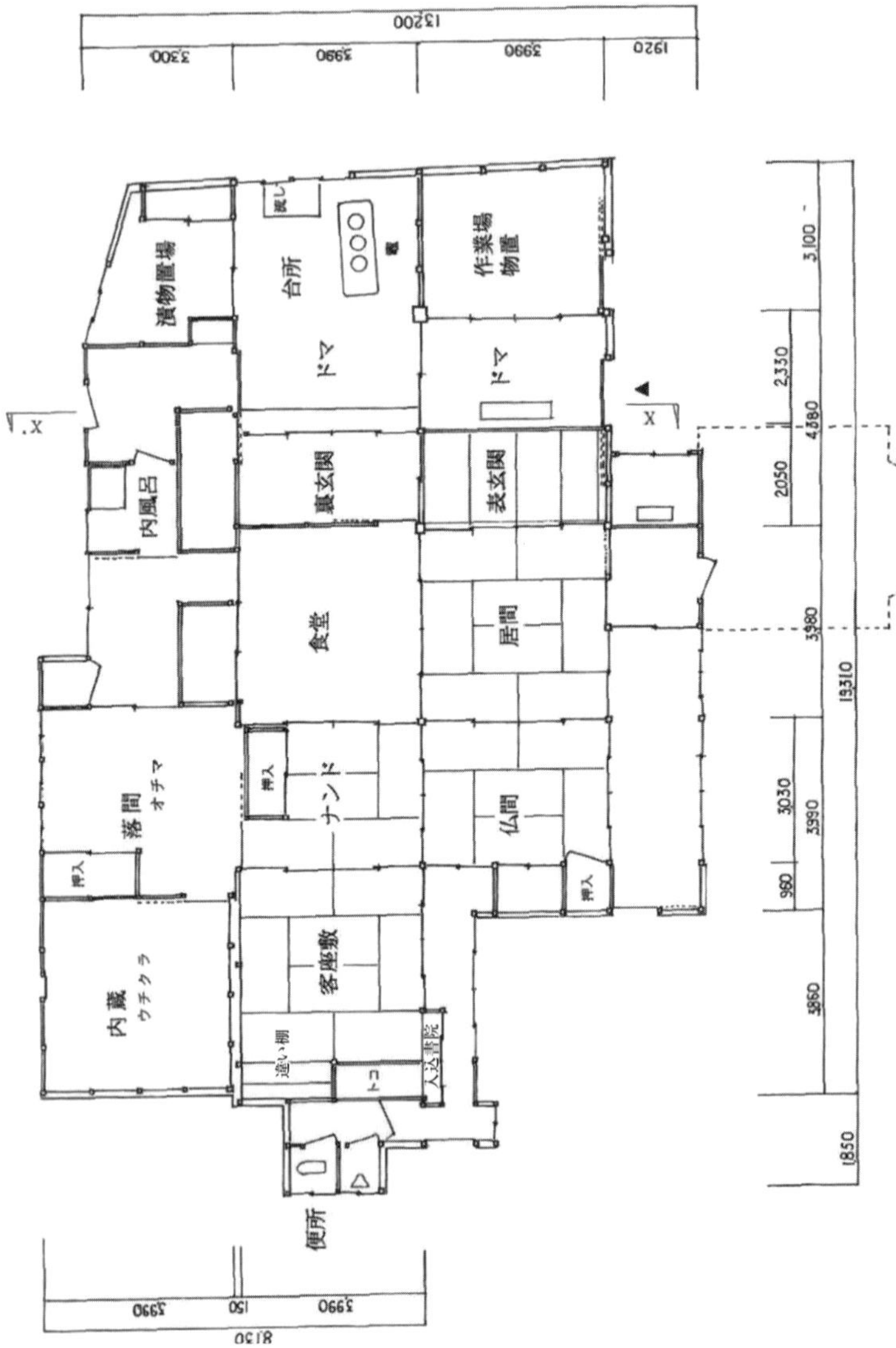

（別紙１）畑田家住宅主屋平面図　石井智子美建設計事務所　作成 2003 年 3 月 28 日
（点線で囲まれた部分は 1956 年増築の応接室）

2. 建物がもつ潜在的教育力すなわち住育の力

(1) 伝統的木造住宅に潜む住育の力

韓国からの留学生の金明珉さんが、日本に来て半年ぐらい経って、明治初期に建てられた畑田家を訪れたときの「座敷の障子を通るやわらかで温かい光、障子の透き間から見える庭のたたずまい、逆に庭から垣間見る座敷の中の人の気配などに自国の精神風土に類似するものを感じ、心のやすらぎを覚え、日本に来て初めて日本人の心を感じ取ることができ、あまり気の進まなかった日本食も食べられるようになった」という感想[1]（第3章142頁参照）は、現在の日本人が忘れかけている伝統的な日本の住宅の良き一面を再認識させてくれるとともに、古い日本住宅が果たす文化伝承の場としての性格を見事に言い表している。彼女は日本に来てから畑田家に来るまで、ずっとアパートに引きこもっていたわけではない。大阪大学の学生として日本社会の中で生活し、学び、大学の教員・学生はじめ何人もの日本人に会い、大阪以外のいくつかの街も訪れ、博物館などへも足を運んでいた。それにもかかわらず、よく分からなかった日本人の心を、畑田家に来てわずか数時間で理解できたという事実は注目に値する。長い間、人が生活してきた古い伝統的日本住宅の文化伝承の底力、すなわち住育の力の大きさを見せつけられた思いである。同時にまた、現在のわれわれを取り巻く住環境から他国の人が日本人の心を見つけ出すことが困難になっているのではないかという疑念も湧く。

日本の伝統を受け継ぐ古い建築物を高く評価して使い続けることの大切さと、それらを後世に引き継ぐことの大きな意義が理解できる。住居のもつ教育力の活用、あるいは建築を通しての教育、すなわち「住育」の大切さをここで強調しておきたい。住居は、単に快適な日常生活を送るためだけに存在する場でもなく、勿論、雨露を凌ぐための箱でもない。それは人間形成のために重要な学びの場なのである。したがって、ここでいう住育は、住居のもつ教育力を活用した人間形成のための自己学習・自己研修であって、住まいに関する知識の習得や教育を意味するものではない[(2)(3)]（本章3節（6）小節参照）。本書の冒頭で述べた英国の宰相チャーチルのことば「人は家をつくり、家は人をつくる」は、まさに、この住育の意味を見事に言い表している。

（2）学校建築と住育

教室をはじめとする学校の建築やキャンパスも文化伝承の場である。ところが、今の日本の学校教育ではこのようなことは殆ど配慮されていない。日本の古い大学を他国のそれと比較してみても、そのことは明らかである。数百年の歴史に囲まれた教場での授業と、学校経営を目的として収容人員の確保と情報機器などの機能を取り入れることのみを考慮して作られた、大規模な箱のような教室での授業とでは、おのずと教育の効果が違うはずである。また、最も歴史を重んじなければならない大学において、博物館や美術館もなく、各分野史の講座すら存在しないという大学があまりにも多すぎる。

そんな中で、たとえば、奈良女子大学では重要文化財「旧本館」の中で授業や学会が行われている。文化財がキャンパスの中で力強く生き続けている。同大学の卒業生が社会で際立った活躍をしていることと無関係ではないように思えてくる。その卒業生で現在同窓会支部長の緒方淳子氏の次の文章[4]は、住育の場としての教室の重要性を見事に言い表している。

重要文化財　奈良女子大学旧本館（記念館）

「良い先生に巡り合うことの次に重要な事は、学ぶ場所、教育環境ではないでしょうか。新しい建物でも、金属とコンクリートの無機質ばかりでは、たとえピカピカであっても心が満たされない。窓の外に緑の葉をいっぱいつけた樹木でも見えれば、つい眼がそこへ向くでしょう。私は、古都奈良にある奈良女子大学を卒業しました。奈良は文化遺産にも自然にも恵まれた所です。二〇〇九年に創立百周年を迎える大学ですが、創立当時の建物が残っています。正門を入り守衛室に声をかけ、正面を見ると、木造の凝った造りの二階建てが見えます。記念館です。正門、守衛室、記念館共に重要文化財なのです。薄緑に彩色されていてキャンパス内の木々とよく調和しています。一〇〇年近く、同じ風景なのです。記念館の二階は講堂になっていて、奈良女子高等師範学校として創立された当時の厳粛な雰囲気を味わうことが出来ます。学会などで訪れられた国の内外の方々も使用されていて、心地良い忘れ難い印象を持たれるようです。私が学んだ化学棟は、木造の平屋でした。先生がたの講義、学生同士の交流、一日籠っていた実験室、昨日のことのように心ゆくまで学んだ日々が甦ります。校庭を逍遥する奈良公園の鹿や、木陰を作る木々と共に。今、コンクリートの新化学棟を訪れても感懐はありません。」

3．伝統的木造住宅がもつ住育の検証

(1) 木の家の温かさ

畑田家では、おもに子どもと親を対象とした畑田塾（後述）と文化フォーラムを開催している。参加者のアンケートを見ると、落ち着いていて慌ただしさがなく、和やかで温かい雰囲気のなかで、ゆったりと、ほっこりした気持ちで話が聞けたという意見が圧倒的に多い。「木造住宅には、日本人が昔から住み継いできた暖かさがあります。現在の住宅は軽薄で落ち着きのないもので、ゆっくり物事を考えたり、集中して事を行うことが難しくなっています。日本の古い住宅の持つ自然の変化に対する寛容さが住みやすさの原点だと思います」という意見は、自然と共生する古い日本家屋の性格とその人格形成能力を上手に言い表している。

直木賞作家 朝井まかて氏のフォーラム「文学のフォークロア」2015年5月

「古い住宅で日本の文化が詰まった部屋で座ってお話を聴くことは現在では非常に少ない。寺子屋のような感じでじっくり落ち着けるように思います。文化財の家屋とお話とが非常によく合っていると思います」というのが参加者の偽らざる心境であろう。

和やかで温かい雰囲気を醸し出す構造的特徴として、高い天井、土壁、部屋から外を眺めたときに、ひさしの下に視界を遮るものが殆どなく庭の見える構造が指摘されている。「天井が高いので長時間話を聞いていてもいらいらしない」、「今ではこの様な土壁と木のぬくもりを感じる建物で学習する機会がないので貴重です。昔を懐かしく想い出します」などがそれである。また、ここに述べられている庭の見渡せる部屋の効果の指摘は重要である。「学校の建物は、片側は廊下であっても、もう一方は景色であるべき。最近、そういう教室が減った」という意見は、ふっと一息入れたときに景色も見えないという安らぎのない学校教室が増えたという教育上の最近の問題点を、畑田家住宅の活動に参加して気付いて頂けたということを示しており、これも古民家のもつ住育の力といえる。

(2) 伝統的木造住宅と音の響き

畑田家で演奏会を行った関西二期会所属のソプラノ歌手畑田弘美さんの次の言葉(5)は古い伝統的日本家屋の構造と音の響きとの関連を見事に言い表している。

日頃会話を交わすときには、体全体を震わせて声を出すようなことはしません。しかし歌唱する場合は、息の流れを良くし、声帯の振動を体全体に伝えて、広い空間に声を送り出すためのエネルギーをいかに効率よく使うかを考えます。歌を歌う空間のことを考えてみますと、通常の日本家屋には音を吸収する素材が多いのに対して、ヨーロッパの建築、とりわけ教会は、天井の中心は非常に高く、大きく、石造りで、最小限の喉の負担で豊かに共鳴してくれます。ホールが豊かな音で満たされるのです。

畑田家住宅は伝統的な木造日本家屋ですが、天井は高く、一〇〇年以上の歳月を経て固くなった大きな柱、梁や鴨居などでできた木組み、室内の広い平面と外の広いお庭など、美しい音楽を生み出す条件が揃っているのです。広い庭は歌い手が視線を遠くに向けて歌声を響かせるのに役立ちます。このような場で演奏を聴いて頂くことにより、空気の共鳴を体感し、息づかいを聴き、美しいメロディーに心が動かされるのだと思います。

最近は、日常生活の中に電子音が溢れ、音のない静寂を味わう機会が少なくなりました。このような時代だからこそ「人間の声」の素晴らしさや、生演奏の音色の美しさに触れて頂く機会を作り続けていきたいと思うのです。木は伐採した後も息づき、成長を続けるといいます。その強度が一番大きくなる年数は二〇〇年と聞きます。畑田家住宅を作っている木の生長もまだまだ楽しみです。ここに多くの方々が集い、その人達によってこの家が美しく生かされていくために、微力ではございますが少しでもお手伝いができればと思っております。

古い日本の木造住宅は音楽ホールとしての機能も備えているのである。また、ここでも、本章3節(1)小節で述べたのと同様に、庭の見渡せる部屋の効果が指摘されていることは心に留めねばならない。

(3) 同じ目線で学ぶことのできる学びの場

畳の部屋は椅子生活になれた現代人には多少の苦痛を伴い、快適とは言いがたい面がある。しかし、学びの場としての畳の部屋の寺子屋的な雰囲気の良さを指摘する声は多い。「先生との距離が手を伸ばせば届くようなところなので、いつも楽しみに聞けています。車座を囲むような雰囲気は、他の場所ではなかなか望めません」、「椅子席でなくて、最初は辛いと感じましたが、座布団に座って庭を見ながらの講座は先生との距離が短く(物理的だけでなく)、雰囲気が大変よく、お話が身近に感じられて大変よかったです」、「膝を交える形で話を聞くと、難しい問題もすんなり入ってくる」、「ある講師が部屋に入って来た時に驚いた様子をされたように、聞き手が迫ってくるようだ。講師と客の間に一体感があり、お寺で話を聞いているようで大変いい席である」、「現代版寺子屋であると思います。古い住宅で、同じ座敷を囲んで、同じ目線で学ぶということは意義がある」などである。この、「同じ目線で学ぶことのできる学びの場」の指摘は重要である。学生や生徒の数が数十人の教室では、教員が立って教えるのと、座って教えるのでずいぶん教育効果が違うことを、教員生活が四〇年を超える筆者畑田もよく経験するところである。畳の部屋と庭の眺望の織りなす教育効果を見落としてはならない。

(4) 日本住宅の開放性と柔軟性

古い日本住宅における畳の部屋は通常は障子やふすまなどで仕切られていて、個室にもなるし、仕切りを外して多人数が集まる大広間として使うこともできる。開放性と柔軟性という日本住宅の持つ大きな特徴の一つである。この場合の個室は現在の日本住宅の洋式の個室とは異なり、密室にはなりえない。子供の社会性を育てる格好の場ともいえる。このような住育の場が少なくなったことが子供の学校教育を難しくしているというのは言い過ぎであろうか。次に記したフォーラム参加者の感想はこの様な事情を見事に言い表している。「落ち着き、重厚感をまず感じます。頑丈さと、天井の高さと、部屋の仕切りの柔軟性などが、この家は家族全体のために作られた居住空間で、単なる個々の部屋の集まりではないということを教えてくれます」、「畑田家は襖を開ければ隣の部屋につながり、開放感と家族の絆を結び易い場であるが、現在の一般住宅は個の尊重（個室）から、家族間の交流が少ない構造になっている」。

われわれは、以前に、現在の日本の住宅はシェルターのように外部に閉ざし、自分たちの空間の快適性を求めて地域・近隣とは隔絶し、個人的満足度のみを高めようとしており、古い日本住宅が豊かな自然とともに、外部空間（自然や地域社会）と開放的に一体化してきた伝統文化が失われ、住空間が極めて個人的、閉塞的なものになっていることを指摘した。(3)

このような傾向は個人住宅の一部にもあるし、最近人気の都市部の高層マンションにもいえるのではないか。たとえ低層であってもマンション等は、ドアを閉めてしまえば「となりは何をする人ぞ」であり、全く隣人を意識しない場合が想定される。まして、地上四〇階、五〇階というような超高層のマンションになると、より孤立感は大きいのではなかろうか。晴れた日の眺望は素晴らしいかもしれないが、一日中外を眺めている訳でもなく、下から見上げると、天候によっては、高層部分は雲の中に包まれており、風が強ければ春・秋のすがすがしい気候を肌で感じるために窓を開けようとしても窓は開けられず、電気を使った強制換気に頼らざるをえない。このような住環境を優れたものといえるであろうか。

東京丸の内のビル建築群

建築の世界は、地域社会と隔絶して個人的で閉鎖的な空間ともいえる住宅をつくりだすと同時に、近代モダニズム建築の流れの中で、事務所建築を中心に、それがあたかも文明の象徴であると主張しているような、強く、他を威圧し圧倒するかのような鉄骨や鉄筋コンクリートのビル景観をつくりだし、経済資本に裏打ちされて勝ち誇ったような建築の姿を見せつづけてきた。それは今も継続しているが、最近は、その行き詰まりを説く建築論もある。(6)

本章の冒頭でも述べたように、自然に立ち向かいこれを制御するためにエネルギーを使うというような「勿体ない」ことはせずに、せめて住居だけでも自然や地域とうまく共生していけるものにすることが必要である。「各地の伝統的住宅を、赤ちゃんから老人までが集まれる地域社会の交流の場、日本人にとって大切なものとは何かを感じることのできる場にできればと思う。地域にもっと触れ合いの場がほしい」という意見は、長年多くの人によって住み継がれてきた伝統的木造住宅が人間に与えることの出来る開放性や社会性の育成能力が、今求められていることを示している。

(5) 建築は歴史の学び舎であり教師でもある

本書の冒頭でも述べたように、教育の主たる目的が国の文化の伝承であるならば、歴史の学習が重要であることは言うに及ばない。未来の創造は歴史を深く考えることから始まる。古い建築は、その外観・内部とも長年使用しそこに住んできた多くの人達の生活・風習・文化を現在・未来に伝える場である。まさに、歴史・文化を学び、それを伝承・発展させるための教室であり教師であるといえる。たとえば、戦争で破壊されたワルシャワの旧市街を復興するときに、古い記録をもとに建物外壁のタイルの傷の一つまでを正確に復元したのは、歴史の学び舎としての古い建物の重要性が市民の多くによく理解されていたからであろう。衣食住のうちで、住である建築が一番歴史を後世に伝える力が強いと思われる。われわれが住育の重要性を主張する理由はそこにある。「衣食住のうちで住が最も先祖の生き方を残していると思う。畑田家住宅の住空間で数時間を過ごすことによって、若者は日本の先人（祖先）の生活態度を有意義に感じとることができる」、「伝統的な日本住宅にはそれぞれの時代の人の動きが残っていると思う。この動きこそが、日本人固有の礼節や躾《しつけ》の確認にもつながると思う」、「畑田家住宅では、常に時間軸がそばにあり、じっくり考える場になると思う」などの意見は、畑田家住宅での文化活動への参加者が、伝統的木造建築の歴史の学び舎としての重要性をしっかりと認識されていることを示しており、古民家の持つ教育力をひしと感じ取ることができる。

「和を感じ、日本を感じて学びを得られる。学びの吸収が良いと直感で思う」という意見は、日本人の歴史を伝える伝統的日本建築が、今を生きる日本人の精神活動を活性化する力を持った教場であり住育の場であることを物語っている。大阪府だけのデータではあるが、昭和三〇年代以降の登録文化財の建物は非常に少ない(7)（第3章1節(2)小節参照）。これは、昭和の建物はまだ築後五〇年以上経っているものは少ないという理由だけによるものではなく、機能主義の立場から建物を単なる雨露をしのぐ箱、場合によっては消耗品とさえ考えかねない戦後の風潮と無関係ではない。われわれが、今やらねばならないことは、単に現存する伝統的日本建築を保存・活用するだけではなく、われわれの現在の文化を担いそれを未来に伝えることのできる建築、将来の文化財になりうる建築を作り、活用保存していくことであろう。一〇〇年先になって建築としての平成の歴史遺産は皆無に近いというようなことになっては将来の子孫に対して申し訳ないと思う（第2章2節（4）小節参照）。

（6）住生活基本法と日本住育の会について

筆者らが上記のように日本の伝統的木造住宅の住育力についての論文を発表した[2、3]のと時を同じくして、住生活基本法（平成一八年六月八日法律第六一号参照）が国民に安全・安心な住宅を十分に供給するための住宅政策の指針として平成一八年二月六日に閣議決定され、六月八日に公布・即日施行された。この法律は、住生活の安定の確保及び向上の促進に関する施策について、基本理念を定め、国、地方公共団体、住宅関連事業者の責務を明らかにしたものである。基本理念としては、現在及び将来における国民の住生活の基盤となる良質な住宅の供給（第三条）、良好な居住環境の形成（第四条）、居住のために住宅を購入する者等の利益の擁護及び増進（第五条）、居住の安定の確保（第六条）が謳われている。これらの基本理念の実現を図るための施策として、国民の住生活の安定の確保及び向上の促進に関する基本的な計画として住生活基本計画（全国計画）が定められ、健全な住宅市場の整備と国民の住生活の質の向上を図る政策の道筋が示された。この計画は平成二三年三月に五年目の見直しが行われ、都道府県計画ともタイアップして、我が国の住生活の向上に少しずつ役立っていると思われる[8]。

住生活基本法の成立とほぼ同じころの平成一八年五月一九日、日本住育の会（代表竹島靖氏）が「よりよく生きるために、よりよく住まうことを学ぶ運動」をコンセプトとして、設立された。設立当初より住害すなわち住まいに関する公害の認定と撲滅が主要活動の一つとして取り上げられており、竹島氏の著書「住育のすすめ」(9)には、住育を住まいに関する教育と定義したうえで、住害をなくすには、義務教育課程、家庭、地域社会での住育が重要であることが述べられている。この本には、いかにすれば、良い家を持って良い人生を送れるかが多くの具体例とともに詳しく記述されている。竹島氏自身は多くの調査の末、持ち家を新しく作るのではなくて、中古住宅を持ち家として手に入れている。中古住宅は地盤、構造、シックハウスという点でも安心で、欠陥や施行ミスも見つけやすいからであるという。「中古住宅の活用は資源の有効活用と循環型社会の実現に役立ち、4R（Reduce, Reuse, Recycle, Repair）にも貢献する」ならびに「住害のない社会をデザインするために、義務教育で住育しよう、少し不便な暮らしにしよう、生活者のプロになろう。住まいの領域だけではない、食の安全、年金破綻、偽装雇用、これらを含む同心円の中心には拝金主義と無知がある」というこの著書中での竹島氏の発言は、われわれが古い木造住宅の教育力すなわち住育の力を通して得ている結論に非常によく似ている。

　われわれも学校教育における住育の力の開発・育成の必要性と経済的効率と経済的合理性のみを追い求める最近の日本の風潮の見直しを主張し、また、その心の実践の一つとして小学校、中学校、高等学校への出前授業を行ってきた。新しく家を作るために学ぶという視点からの住育と、歴史的建造物から文化を学ぶという視点に立つ住育とが、よく似た結論に到達しているのは興味深い事実である。

4．知恵の宝庫と工夫する心—勿体ないの心と家

古い住宅には、そこに住んできたいろいろな人の工夫と匠の知恵がつまっている。もちろん、現在の家には便利さや快適さを求める先端的な科学・技術の成果がふんだんに応用されている。ただ、先端的な技術成果は得てして人間の考える力を失わせるのに対して、古い住宅が宿しているものは、工夫する心の根源的なものであり、人間の知恵の源ともいえる。これらのことは、本章1節の「古い日本住宅に見られる生活の工夫」で詳しく述べたところである。柔軟な機能を持ち子供の社会性の育成にも役立つ田の字型平面の部屋のつくり、時に応じていろいろな機能を発揮する長く張り出した軒のひさし、ねずみの習性を詳しく観察して作られた蔵の入り口のねずみ返しから、てこの原理を応用した棹秤《さおばかり》や蝋燭を使う懐中電灯ともいえる龕灯《がんどう》、「へっついさん」いわゆる竈と火消しツボなど日常生活から生まれた工夫が一杯である。棹秤、火消ツボや龕灯《がんどう》は物理と化学の基礎が詰まった作品ともいえる。火消しツボは竈での薪の燃えかすを空気を遮断して消してカラ消しにする役目を担っている。これは、いわば発泡木炭のようなもので、大変火がつき易く、七輪でちょっと煮炊きをするときの燃料や、火鉢の炭の火起こしにも重宝する。見事な生活の工夫である。

竈を築く左官屋さんの技術の上手、下手で竈の燃焼効率がずいぶん違うとも聞く。竈を子供が使う

といろいろな工夫が楽しめることをご存知の方も居られると思う。竈の煙を家の殺虫・防虫剤に利用する工夫は良く知られていることである。伝統的日本住宅の工法にも素晴らしい工夫が一杯ある。[10、11]昔は大工さんの仕事を学校から帰った子供が日の暮れるまでじっと見つめていることがよくあった。子供はそれによって大工の手技だけでなく、大工の心をも学び取ることができた。「大工さんが使うバケツに入った水の中に、木を鋸で切った時に出来る木くずは沈むのに、元の木は水に浮く」という小学生の頃の私の記憶は、今、出前授業で生徒に分子の話をする時に非常に役に立っている。この様なことが子供の創造する力の育成に役立っていたことを、われわれは心に刻んでおく必要がある。

上記のカラ消しは使えるものは絶対に捨てない、生かして使うという「勿体ない」の心の現れの一つでもある。水洗トイレは確かに衛生的であるが、昔の汲み取り式の便所は大便・小便をも可能な限り活用するという点で「勿体ない」の心に満ちていたことも事実である。

屋根の葺き替えをするときに、昔は、古い瓦を丁寧に降ろして、屋根の下地などを修理した後、もう一度古い瓦を再利用して葺くのが原則であった。そのとき、割れたり、傷んだりした瓦を差し替える必要があるので、新しく屋根を葺いたときには、屋根の大きさに応じて、適当な枚数の瓦を差し替え用に保存するのが常であった。全く同じ瓦を作るのは難しいので、新しい瓦を差し替えに使うと、台風のときにそこから飛んだり、雨もりの原因になったりする。差し替え用の瓦を保存するというちょっとした工夫で一〇〇年以上も同じ瓦が使える。畑田家住宅では築後一一〇年目の葺き替えのとき、この差し替え用の瓦がなくなって新しい瓦にしたが、最近は三〇年程度使った瓦を平気で捨てている。勿体なくて涙が出る。また、環境汚染の原因にもなる。南の島の沖縄では台風に見舞われることが多いので、最近は鉄筋コンクリートの住宅が増えたが、瓦葺の木造家屋もかなり残っている。屋根瓦は台風に備えて漆喰で塗り固められているので、上記のような資材節約・環境調和型の屋根の葺き替えには漆喰を丁寧に洗い流す必要があり、一段と手数がかかる。それでも差し替え用の瓦が大切に保存されていて、この昔型の葺き替えが行われている[10、11]。

「建設工事に係わる資材の再資源化等に関する法律（建設リサイクル法）」が、建築廃材の再資源化と建築廃材による環境汚染の防止を目的として、二〇〇二年五月に施行された。住宅の解体を、重機を使ってぐちゃぐちゃに壊すいわゆる「ミンチ解体」をやると、その住宅に使われていた材料は、瓦も含めて全てごみとなる。勿体ないことこの上ない。貴重な資源がどんどんなくなっていくし、産業廃棄物が環境を汚染する。日本の伝統的木造建築の骨組みは、戦後の高度経済成長期に大量生産された木造建築とは異なり部材も比較的太く、釘は殆ど使わずに継手と仕口によって組み立てられている。丁寧に分解すれば多くの材料を再利用することができる。

富山県の国際職芸学院の敷地内で、早稲田大学の尾島俊雄教授が木造二階建て九室七七坪の住宅を日本古来の建築手法で建て、数年間人が住んだ後、解体して別の場所に移築して再び住居にするという繰り返し実験に取り組んでおられる。解体移築の際、壁土も含めて全資材の九五％が再利用できるという。日本古来の家の建て方がいかに優れたものかを物語っている[12]。畑田家住宅でも築後一二〇年をこえた現在の家を建てるときに解体した前の家の部材が今も保存されていて家の修理に使っている。

アフリカの植林活動「グリーンベルト運動」でノーベル平和賞を受賞したケニアの女性環境保護活動家で、ケニア副環境大臣のワンガリ・マータイ博士は、二〇〇五年来日した際、欧米にはない「MOTTAINAI」という言葉に感銘を受けて世界に広めることを決意し、環境保護の合言葉として国連でも紹介されたという。(13) 田中耕一博士のノーベル化学賞受賞の対象となった研究は、実験中に金属超微粉末（UFMP）の保持材に間違ってグリセリンを使ってしまい、捨てるのはもったいないと、そのまま実験に使ったことが切っ掛けになったという話もある。(14)「勿体ない」もいま次第に国際的になりつつある。

少し話は変わるが、本章1節の原著「古い日本住宅に見られる生活の工夫」(10) およびその英語版「Ingenious Ideas Seen in Ancient Japanese Homes」(11) のWeb公開（それぞれ二〇〇四年一一月一日および二〇〇六年五月二二日）以来の年間平均アクセス数は二〇一五年七月二〇日現在で、それぞれ五二八〇および三八四六である。「勿体ない」とともに伝統的日本住宅も国際的に関心を呼びつつあることは間違いない。そこに宿る日本人の心の理解へと進むことを期待している。

ところで、この「勿体ない」の心は、日本古来の生活を貫く基本的精神の一つである。上記の「勿体ない」はそのものの価値を生かさずに捨てるのは惜しいという意味であるが、過分のことで畏れ多い、かたじけない、ありがたいという意味もあり、「自然」も含めて自分以外の存在を敬愛し共生するという日本人の心・精神作用の重要な部分を表す言葉でもある。古い日本住宅に育った子供たちは、夕餉の竈の世話などを通して日本人の心を実体験として修得していったのである。「人は家をつくり、家は人を作る」という「はじめに」に述べた言葉のとおり、古い日本住宅はまさに日本文化を子供たちに伝え、文化創造の力を賦与する道場の役割を果たしていたといえる。

5．小学生の文化力を高めよう

(1) 小学校での文化財教育の推進

われわれはこれまでに文化財についての教育を小学校で行うことの意味と必要性を説いてきた。[15] ところで、文部科学省の前身である文部省は、平成十一年に「文化や伝統を大切にする心を育てる」と題する道徳教育の手引き書を各学校に配布している。[16] ここでは道徳教育推進の教材として伝統文化が取り上げられている。伝統文化を理解し尊重することは、国際社会における日本人としての豊かな人間性を育むことであり、広い意味の道徳に深く関わることである。道徳教育という言葉に、昔の修身教育を思い出してアレルギーを感じる人も、伝統文化の理解と尊重には賛同して頂けるものと思う。

この手引き書の第一章には、「豊かな人間性とは(中略)、人間らしい心を表す道徳性そのものでもあるということができる」とし、「人間らしさの最も基本となる道徳的価値を大切にして、道徳的心情や判断力等を養うことは、どのような時代が来ようとも、いかなる社会が到来しようとも、変わらぬものとして大切にされなければならない。それは、〝生きる力〟の根底を支えるものであるということができる」と書かれている。また、「文化や伝統を大切にする心を育てる教育の推進は、我が国の文化や伝統を大切にする態度を養うとともに、諸外国の文化や伝統を理解し尊重する心を育てるものなのである」とも述べられている。さらに、「文化や伝統は、古い過去のものであり、大事なのは現在だと考える人もいる。しかし、文化や伝統を大切にすることは、決して過去に向かっているのではない。重要なことは、目にみえないものを思う想像力である」、「文化や伝統を考えることは、目にみえない人間関係の重要さを考えることでもある」としたうえで、文化や伝統を大切にする心を育てる際に地域の人々との協力体制が不可欠であると記している。また、「伝統文化の保存や継承に携わっている人々は、保存・継承という観点からの指導を重視される場合がある。そうすると、文化や伝統を大切にする心を育てる教育が、伝統文化を単に継承するためのものということになりかねない。子どもたちが伝統文化を学ぶことによって、豊かな感性や想像力を育て、自分たちで文化や伝統を発展させていこうとする意欲を育てることが大切なのである。」と述べている。逐一同感するところである。

道徳教育の手引き書（文部省、平成11年）
「文化や伝統を大切にする心を育てる」

現在の小学校の三、四年の教科書では、上記の指導の手引きの理念に呼応して、「むかしのくらし」、「地域の発展」、「地域の発展につくした人々」などのテーマで、伝統的な日本住宅での生活用道具やくらしを説明し、大阪では、幕末期に活躍した蘭学者の緒方洪庵（適塾）の紹介を行っている。また、天神祭りや文楽といった伝統芸能の紹介も行われている。五、六年の高学年になると授業の内容は地域エリアから日本全体・世界におよび、中学・高校での歴史の授業につないでいる。

台所の土間空間や、かまど、その他の道具類などは、現在も登録文化財である伝統的な日本住宅の中にのこされていることが多いので、小学校の「むかしのくらし」の授業などで古い民家を訪れた小学生は実物に触れることができる。また、ただ単に昔の道具に触れるだけではなく、最近の新しい家にはない「何か」を感じ取っていく。子供のときに見聞きしたことは、たとえ意味が分からなくてもその内容は強く脳裏に焼き付けられ、年を重ねるにつれて経験したことの意味や根本原理・哲学が分かってくるものである。市民に登録文化財（第２章１節(３)小節参照）制度の意味と必要性を理解・認識していただくための種は小学校で撒くのが一番である。それによって、彼等の将来だけではなく、現在の子供の保護者や地域社会の人たちの関心をひき、理解・認識を深めることにもなる。小学校の教育はＰＴＡを通して保護者・地域社会とも密接に繋がっているからである。

市場経済の競争原理は消費者の購買意欲をそそるために、様々に工夫を凝らしたカラフルな消費財を次々と提供し、人々はその華やかさを貪欲に追い求めるために、日々のエネルギーを費やしているようにも見える。このような風潮のせいか、高度経済成長期以降に生まれた人達は新しいもののみに、美しさや価値を見出す傾向が強いように感じられる。しかし、低いレベルのコスト意識や利便性のみから生まれた、いわゆる経済合理性のうえに成り立つ製品は使い捨て思想の産物でもあり、作られた時点では新しく美しくても、表面的で軽薄なものに偏りがちである。日々、この様な物に接し続けていると、知らず知らずのうちに本物を見分ける目がなくなり、ものを大切にしなくなり、資源を浪費し、環境に悪い結果を与えるようなことになりかねない。

もちろん、新しいことは美しいことの要素の一部である。しかし、このような美しさは表面的な性格が強い。年月を経て古くなり表面上は綺麗でなくても、内包するストーリーや、人間が手間ひまかけて生み出したもの、表面的ではない人間の営みの結果として引き継がれてきた古いものなど、文化財（歴史遺産）が秘めている価値を、美しいこと、素晴らしいこととして感じ取ることができる感性を子供に養わせることが、今一番必要なことではなかろうか。歴史教育がいろいろと取沙汰される中、このような視点でのものの見方の教育が考慮されるべきである。

文化財という言葉からは、世界遺産、国宝とか重要文化財、或いは指定文化財などが思い浮かび、何か非常に高尚な雰囲気とともに固く難しいイメージを連想しがちである。しかし近年、登録文化財のように、われわれの普段の生活にかかわりの深い身近な文化財が増加してきた。このような中で、文化財を、大学や高等研究機関での研究対象としてのみではなく、子供にも理解できるように易しくかみ砕いた形の学習教材として小学校教育にも役立てたいと思う。それを通して、本物を見分ける能力、物事の本質の分かる能力を持った人間を育て上げることが出来ればと願っている。

（2）小学校への出前授業のすすめ

前小節で述べた文化財についての教育理念をわれわれが実現するための手段の一つとして小学校への出前授業(17、18)がある。小学校で授業をすると、「細いものは何故しなやかなのか？」とか「輪ゴムが古くなると、引き伸ばしたときに、きっちりと元に戻らなくなり、そのうちに手に粘りつくようになり、最後はボロボロになってしまう。これは何故か？」とか「ボールの弾むのとゴムの伸びるのはどうちがう？」といった物事の本質・根本原理にかかわる、よく観察し、よく考えた質問が出る。小学生は、鋭い観察力と豊かな感性をもって、いろいろなことを観察し、その結果を「不思議だな」、「何故だろう？」と思うことを通して物事の本質に迫ろうとする力や一般化の能力を養っているのである。これが中学校、高等学校と進むにつれて失われていくような気がしてならない。もしそうだとしたら、その原因が学校での学習と受験勉強を混同する社会の風潮にあることはほぼ間違いないと思う。しかし、ここで入試の弊害を嘆くよりは、人文、社会、自然科学の全ての分野に必要な鋭い観察力、豊かな感性、好奇心を、小学校時代に子供にしっかりと植えつける努力をする方がより建設的である。そのためには、筆者の一人畑田の三〇年余りの経験では、学外の専門家による当該分野の根本原理を語る出前授業が極めて有効である。授業にかかわる分野の根本原理の教育は、本来、学校教育の通常の授業で行われるべきものであるが、これがいろいろな事情によって行い難くなっているからである。

ゆとり教育の見直しが取沙汰され、総合的な学習の授業が再検討されているが、自己の持つ知識を基にした自発的な問題発見と解決能力を養わせることを目的とする総合的な学習においては、教科書に触れられていない内容であっても、家庭・地域との連携のもとに、子供の感性を目覚めさせる教育が行えるはずである。その重要な一つは、先人の足跡を理解し、未来への創造の糧となる、文化財に関わる学習であろう。学校現場における積極的な取り組みの期待されるところであり、出前授業の格好の主題でもある。実際、本章1節に述べた「古い日本住宅に見られる生活の工夫[10]」の話を小学校ですると、次節に述べるように、かなりの生徒が昔の人たちがいろいろと工夫をしながら生きてきたことに興味を示してくれる。

小学校での出前授業
著者畑田のプラスチックのお話

精神性あるいは精神作用・心という観点から日本の歴史を振り返ると、その中の一つに仏教芸術に係る古代の仏像彫刻の鑑賞が思い浮かぶ。筆者たちの時代とは異なり、最近は修学旅行でも奈良や京都の歴史遺産を訪れることは少ないらしいが、たとえば奈良の東大寺などに残されているような天平期の彫刻などを的確な解説により仔細に鑑賞すれば、その作品の奥深さから、ヨーロッパの美術作品に勝るとも劣らない日本文化のすばらしさが、如実に理解されるはずである。次代を担う子供たちが、このようなことを体感しないままで成人する状況からは、国際社会を生き抜く日本人は生まれないと言わざるを得ない。

コラム　ゴムはなぜ伸び縮みするのか――ある日の出前授業――

二〇一四年六月二八日、豊中市にある税理士事務所で「ゴムはなぜ伸び縮みするのか」という話をしました。事務所の周辺にも声をかけて、女性十一人に男性二人と小学校上級の女生徒五人が話を聞くことになりました。

授業は、まず錘をつるした細いゴム紐に熱湯をかけるとどんな変化が起こるか、氷水をかけるとどうか、という実験から始めました。実験の前に、その変化の予想を尋ねると、熱湯ではゴムが縮んで錘が持ち上げられ、氷水をかけるとゴムの力が小さくなってゴムが伸びるという結果を予測した人は僅か二人でした。そのうちの一人に、「どうしてわかったのか」を尋ねたところ、「家で台所の用事をしていて、シンクに輪ゴムが落ちているところにお湯がこぼれてしまったことがあり、その時、輪ゴムが縮れ毛のようになったのを記憶していた」とのことでした。台所仕事の間のほんの些細とも思える出来事を正確に観察していて、質問された時にその記憶を呼び起こして答えの想像に繋いだことに、私は大いに感銘を受けました。ただし、ここで輪ゴムが縮れ毛のようになったことと、錘をつるしたゴム紐に熱湯をかけると錘が持ち上がったこととは直接は繋がらないように思いますが、詳しいことが分からないので、これ以上の言及はさけることにします。

ゴム紐に熱湯をかける実験で皆を驚かせた後、分子とはその物質に特有の目に見えない小さな粒子であり、分子が多く集まって物質が出来ていることを話しました。その上で、五〇mlの水と五〇mlのエタノールを混ぜると一〇〇mlにはならず約九七mlになることを、実験で確認しました。ここで、異分子の混合はどのように起こっているのかを自分で考えてもらいました。メスシリンダーに先ず五〇mlの水を入れ、その上に微量の食紅で赤く着色したエタノールを静かに水と混ざらないように加えてアルコールの液面がメスシリンダーの一〇〇mlのところにあることを確かめたうえで、全体をよくかき混ぜると約九七mlになりました。これで、後から入れたアルコールがすこし少なかったのではないかというような疑いを持つ人をなくすとともに、体積の減少が間違いなしに水とアルコールの混合によって起こっていることを理解してもらうことができました。この混合による体積減少は、エタノール分子の隙間にそれより小さな水の分子が入り込むことで起こると考えてよいのですが、この実験を通して密度の大小が分子の質量だけではなく、その集まり方にも影響されていることを参加者に理解してもらうことができました。

ここで、あらためてゴムのお話しに戻りました。ゴムを引っ張ると伸び、手を放すと元の長さに戻ることは、だれでも知っていますが、なぜかと聞かれて答えに困る大人は多いと思います。冒頭に述べたゴムに熱湯や氷水をかける実験の結果はこの問題を解く大きなヒントになります。天然ゴム（シス-1,4-ポリイソプレン）の分子は水やエタノールのような小さい分子ではなく、長い紐のような分子（高分子）なのです。そして、この長い紐のようなゴムの分子のそれぞれの部分（これを高分子のセグメントといいます）は、室温でも常に激しく動いていて伸び縮みの性質を秘めているのです。

四〇人の生徒が体育館で手をつないで1本の長い高分子のモデルを作ります。そして、旗竿を旗台に立てたものを二本用意し、これらを三〇m程度の間隔に離して置き、両端の人は空いた手でそれぞれの旗竿をしっかりと掴みます。この状態で、各人が絶対に手を離さないで、前後左右に激しく動くと、大抵の場合、旗竿は引き倒されます。この結果から、セグメントが激しく動いている高分子は、通常は縮んだ状態にあり、両端から引っ張れば伸びるが、手を離せば元通りに縮むということになります。しかし、ゴムの木から出てくる樹液を固めてゴムのひもを作り、その両端を引っ張ると伸びはしますが、手を離しても殆ど縮みません。実際の分子は非常に小さくて、高分子といえども、その両端を手でつかんで引っ張るのは不可能です。右手でつかんでいるゴム分子と、左手のそれとは違うからです。日常使っているゴムは、その中のゴム分子同士を、架橋といって、ところどころ化学的に結合させてあります。したがって、ゴムひもやゴムの塊はそれ自身が実に巨大な一つの分子なのです。こうすることによって外部から加えられた力が直接もともとのゴムの分子にかかるようになり、引っ張れば延び、手を離せば元の長さに縮むというゴムの性質が出現するのです。

錘をぶら下げているゴムに熱湯をかけると錘が持ち上がったのは、室温よりはるかに高い一〇〇℃に近い水からエネルギーを貰ったゴム分子のセグメントがより激しく動いていて、ゴム分子の縮む力が強くなったからです。バネバカリを使ってゴムの張力を、温度を変えて測定すると、張力は温度の低下とともに小さくなることが分かります。張力と温度のプロットを低温側に外挿して張力がゼロになる温度が絶対零度（−273.15℃）です。この方法で、中学校で絶対零度の値を決める実験を何度も行っています。

これらのゴムの話を聞いて「ゴム分子のセグメントの運動が熱エネルギーによって活発となり、ゴムの性質である縮む力が増加して錘が持ち上がることは、ゴム紐に熱湯をかける実験で非常によく理解できました。ところで、物質に熱エネルギーを加えると、物体の分子の動きが活発になり、分子がバラバラに動き出して、物質は膨張するのだと思うのですが、この二つの現象は一体どういう関係にあるのでしょうか。また、熱湯に入れてよく弾むようになったスーパーボールの体積は分子間力の減少で膨張していたのか、それとも熱湯の中でゴム分子のセグメントが激しく動いて分子が縮むというゴムの本性の効果が強く現れて、体積が減少していたのかどちらでしょうか」という質問がありました。私の話をきっちりと聞いて、その内容についてよく考え、問題点を整理して、分かりにくい点をえぐり出した中々良い質問だと思います。

この質問に答えるには、かなりの注意深さが必要です。先ず、ゴムを熱湯に入れると、ゴム分子のセグメント運動が激しくなり、ゴム分子の存在する空間が大きくなって膨張すなわちゴムの体積が大きくなるのは間違いありません。一方、ゴム分子のセグメント運動が激しくなって分子が縮むというのは、ゴム分子の両末端間の距離が縮むということであって、分子全体の体積が小さくなるということではありません。分子の体積は両末端間方向の距離が縮むことで、その方向に垂直の方向には大きくなるのです。このことは、上記の四〇人が手を繋ぐモデル実験の記述を注意深くお読みいただければ、お分かりいただけると思います。スーパーボールも輪ゴムも熱湯に入れれば体積は大きくなります。

「架橋する前のゴムは固体なのか液体なのか」という質問がありました。これは説明を忘れていた大事なことです。樹液から作ったゴムのひもや塊(シス-1,4-ポリイソプレン)の分子はセグメントが激しく動いていますが、その重心の位置はほとんど動いていないのです。ゴムは液体ではなく、固体です。さて、天然に産するポリイソプレンには、ゴムの他にグッタペルカと呼ばれる樹脂があります。天然ゴムとは少し構造が違い、トランス-1,4-ポリイソプレンと呼ばれています。室温では樹脂状でゴムの性質は示しません。熱湯に浸すとセグメント運動が激しくなってゴムに変身し、伸び縮みするようになります。ゴム状態で長く引っ張ったものを室温まで冷却すると、そのままの形で固化しますが、これを再度湯につけると直ちに元の形に戻ります。高分子間の橋架け反応で分子集合体の形が記憶されていて、いわゆる形状記憶性を示すわけです。シス-1,4-ポリイソプレンとトランス-1,4-ポリイソプレンは高分子のセグメントの形が少し違うだけなのですが、その違いが高分子鎖セグメントの動きやすさに大きな影響を与え、物質の性質に影響を与えるのです。

　ゴムの性質の温度変化に関係して「温度とは何か」という質問が出ました。これも大変良い質問です。広辞苑には、「温度とは熱平衡にある系に特有の物理量で、分子の運動エネルギーの平均値に比例する量」と書いてあります。一般の人には分かりにくい説明です。「ゴムに熱湯をかけるとゴムの温度が上がってゴム分子のセグメント運動が激しくなる」という表現は、実は、誤りです。温度が上がったのは、ゴムが熱湯から熱エネルギーを供給されてゴム分子のセグメント運動が激しくなった結果なのです。熱湯から供給された熱エネルギーがゴム分子の運動エネルギーに変わったわけです。簡単に言えば、温度とは分子運動の激しさあるいは速さの尺度です。少し幅の広い輪ゴムを急に強く引き伸ばして唇で触れると輪ゴムの温度の上がっているのがよく分かります。これは外部から加えられた機械的エネルギーでゴム分子の持つ運動エネルギーが大きくなった結果なのです。この実験が温度とは何かを理解していただく一番の近道かもしれませんね。この道を通っていただければ、広辞苑に書いてある「二つの系が接触すると、高温の系から低温の系に熱エネルギーが移動して、やがて両者の温度は等しくなる」という一般の人には若干馴染みにくい文章の本当の意味も読み取っていただけるものと思います。

　ゴムについての授業を真剣に聞いて、こんな素晴らしい質問をしてくれる人がいるのは、本当に教師冥利に尽きます。感謝を込めて筆をおきます。

（畑田耕一）

（3）伝統的日本住宅による小学校教育の支援

伝統的な木造日本住宅は今の小学生からは遠い存在になりつつあるかもしれない。それでも、まだかなりの生徒が大黒柱を知っている。大黒柱という語が頼り甲斐のある人という意味を持っていることを知っている子供もいる。筆者の家には大黒柱が二本あるという話をしたら、「大黒柱は一本のものと思っていたのに」と驚いてくれた子供が何人もいた。こんなとき、二本の大黒柱を教材にして、人間社会での協同・協調の精神や現代社会における π 型人間（広い分野に意欲をもって活動できる人間）の必要性といった少々レベルの高い話をすることも可能である。

古い日本の家やその中にある道具の話をしたときの感想文に、「昔の人はいろいろな工夫をしていたのだ」という感想とともに「昔の人もいろいろ工夫をしていたのだ」というのがあった。この助詞の「は」と「も」の違いは、科学・技術の進歩の中にどっぷりと浸かっている今の子供にどう対処するべきかという重要な問題を示唆している。「は」の方からは、「昔の人は一所懸命努力して考え工夫していたのだ、われわれも頑張らなければ」といったニュアンスが感じ取れるし、「も」の方は「これまで知らなかったけれど昔の人も工夫していたのだ」、という意味だと思われる。いずれにせよ、昔の人の工夫という歴史的事実が有効に作用した結果、子供たちは「工夫する心」の重要性に気付いたといえる。これは、科学・技術の進歩が原因となって生まれた「理科離れ」というよりは「考え離れ」を解消する方法の一つであるといえよう。歴史の授業は昔のことを丸暗記するためのものではなく、今を生きる人間が未来を開くためにあるのだということを教えてくれる子供の感想である。古い民家は大人にも子供にも人間が生きるうえで大事なことを気付かせてくれる。

古い伝統的な日本住宅には、現在の機能的で無駄のない住宅とは異なり、一見無駄とも思える部屋や何に使うのか分からない空間や道具が一杯ある。この様な無駄やゆとりが、子供の好奇心をはぐくみ育て、「何かがあるだろう、何かが起こるかもしれない」という知的興奮を引き起こす原点になる。言い換えると、古い木造住宅は日本人の精神活動の原点でもある。(10、11) 小学校への出前授業で「頭は帽子をかぶるためではなくて、考えるためにあるのだ」という話をしたところ、一人の女生徒が「私は、いつも明日は何が起こるかなとわくわくしながら考えている」と言って、「いろいろなことを想像するのは新しいものを作る創造に通じるのだよ」と筆者が言うきっかけを作ってくれた。「風邪を引いて昼間寝ているようなときに、じっと天井を見ていて、その木目をあれは鬼とか、これはライオンとか考えるのは面白いだろう」といったら「それそれ」と先の生徒が応じてくれた。(2、3) 一つとして同じ模様のない木目のある天井の下で暮らせる子供は幸せである。そうでない子供にも同じような機会を与え、想像から創造に広がる世界に遊ばせることが、歴史のある伝統的日本住宅に係わるものの使命の一つであろう。そして、教育基本法前文の「豊かな人間性と創造性を備えた人間の育成を期するとともに、伝統を継承し、新しい文化の創造を目指す教育を推進する」という崇高な精神の具現化を小学校で行うのに伝統的日本住宅は格好の教材である。

（4）科学技術の進歩と住育

子供の大部分が伝統的木造家屋に住んでいて、科学技術のレベルも今ほど高くなかった頃は、本章1節に述べたように、かまどや風呂焚きなどから化学的・物理的に工夫する心をごく自然に学ぶことが出来た。また、唐臼《からうす》、棹秤《さおばかり》、龕灯《がんどう》などの先人の工夫の産物を見たり、実際に使ったりすることで、日々工夫する心だけでなく、物理学の根本原理さえ身につけられた。水道のない家での風呂の水汲みや植木の水遣りからは単純作業を辛抱強くやる力を、また、個室のない開放的な家からは社会性を養うことが可能であった。筆者らが子供のころ、敷居には神様が宿っているので踏んではいけないと厳しく言われた。敷居は梁や鴨居と同様に木造住宅の構造上重要な横架材であり、これに体重をかけて撓ませるのは良くないという意味かもしれないが、そんな難しいことを子供には教えられないので、神様の頭を踏んではいけないという分かりやすい言葉で、子供に躾をしたのであろう。

古い日本住宅では、夏は明かり障子や襖を、細く削った竹や葦の茎を利用した簾障子にかえる。風通しがよくなり、外部からの放射熱が遮られ、風の涼しさが強調される。天然冷房機ともいえる、この簾障子を愛した人達には、いまの冷房機は実に勿体ないものに見えるかもしれない[10]。われわれの先祖は、この襖がえの習慣を、子孫にエネルギーの無駄使いを戒めるために遺してくれたともとれる。

伝統的木造住宅では、柱の根元は礎石に固定されていない。この浮動型の基礎の形式は、家の構造が耐え切れないような大きな地震が来たときに、柱脚が礎石からずれたり、浮き上がったりして、ゆれの強い力が直接家に伝わるのを防ぐといわれている。伝統的木造工法に見られる他のいくつかの柔構造とともに、未来の科学・技術の発展・深化のために、先人が残してくれた工夫とも言えよう。

伝統的木造住宅はその部材が人間と親和性の高い木であるということだけでなく、その構造やその中にある道具・工夫などが科学・技術の基本原理を伝えるとともに、その発展・深化を促す力を持っているのが特徴である。伝統的木造住宅が無くなるということは、学校の外での大事な教育の場が消えるということに他ならない。起こしてはならないことの一つである。

6. 自然と共生する住居

太古に、人は自然そのものを生活の場にしてきた。文明の深化とともに、睡眠や食事、家族の団欒の場としての家が作られるようになり、住居が生活の場の中心となっていった。特に自然に恵まれ四季の移り変わりを愛でて、自然を日々の生活のあらゆるところに取り入れることを大切にしてきた日本人にとって、住居は自然と共生するものであり、自然と深いかかわりを持ち、自然に開かれた存在のはずであった。さらに住居は、周囲の自然環境とともに地域社会と同調して町の景観を形作ってきた。有形文化財は、それと一体をなしてその価値を形成している土地その他の物件を含むという文化財保護法第一章第二条一項の記載は、ここで述べている住居とその周囲の環境との共生を視野に入れた定義と考えてよいであろう。

衣・食・住の中でも特に住には住環境という表現がよく使われる。環境とは「人間または生物をとりまき、それと相互作用を及ぼし合うものとして見た外界」[19]、自然的環境と社会的環境とがある」という定義を採用すれば、建築は環境を強く意識したものでなければならず、動物である人間の住環境は、自然や社会と密接な関連を持つもののはずである。

西尾幹二氏は、「歴史教科書10の争点」[20]の第三章「ヨーロッパ人の世界進出」の中で、自然の数学化というデカルトとガリレオの考え方を取り上げて、「彼らによれば、物の大きさ、形、位置、運動さえ理解できれば感覚的世界のすべてが理解できる。自然の数学化といってもいいでしょう。つまり、人間の感覚上の性質をはぎ取ってしまい、物体というものを大きさと形と位置と運動という幾何学的、数学的な方程式に置き換えることで世界を説明できるとしたのです。その後、この自然の数学化という考えは哲学的には論駁されたにもかかわらず、われわれの日常の暮らしの世界にどっかと居座って一人歩きを始めました」と述べている。

西尾氏の指摘のような問題に加えて、最近よく話題になる景観問題についても、人間の感覚に属する部分は多様であり定量化できない曖昧なものとする考えから、規制等による景観のコントロールは非科学的であると言わんばかりの主張までいろいろあり、その結果として自由という名のもとに猥雑な景観が放置されている。このような状況を日本の戦後の経済発展と結びつけて、ダイナミックと評価する論評のあることはいただけない。

また、戦後の我が国の建築の世界では、住宅の一部も含めて、経済的効率を前面に押出したモダニズム建築が席巻し、モダニズムに従うことが建築・デザインを展開するうえで最も重要なこととされ、これが現在も続いている。しかし、戦後日本のモダニズム建築と呼ばれるものは科学的思考の展開のうえで基本的に曖昧な領域とされる人間の精神作用からくる感性の部分を過小評価し、機能を重視しながら即物的ないし経済合理性を強調するものである。その結果として生み出された形は、伝統的な日本建築に存在する一見無駄とも思えるような曖昧な部分を切り捨てて、箱形の「大衆化したモダニズム建築」[21]を出現させている。建築の表層的な部分のみに捉われ人間の創造性の糧となる大事な部分を切り捨てた、このような建築は人間を取り巻く環境物件として優れたものとはいえない。

今、意味の曖昧な形容詞の一つである「美しい」に関連して美しい国づくりが提唱されている。そのためには、現存する文化財、特に歴史的建造物を正しく評価することを通して、わが国の歴史と文化をよく理解することが必要である。「美しい国」とは、景観と人の心の両方が美しい国を意味する。アインシュタインが一九二二年（大正十一年）に日本に一カ月余り滞在して帰国する際に、朝日新聞に、「滞在中特に感じたことは、地球上にもまだ日本国民のごとく謙譲にして且つ実篤の国民が存在していることを自覚した点である」、また、「日本の山水草木は美しく、日本家屋も自然に叶い独特の価値があるので、日本国民が欧州感染をしないように希望する」という謝辞と希望を寄せたということである。[22]アインシュタインは日本全体を世界の文化財と感じ、それを伝承する日本国民にエールを送ったのだと思う。アインシュタインの十一年後に来日し、日本で三年半を過ごしたドイツの建築家ブルーノ・タウトも、桂離宮を訪れた時、「それは実に涙ぐましいまで美しい」と述べたといわれる。[23]

桂離宮

タウトが3年あまり滞在した洗心亭
（少林山達磨寺提供）

多くの日本建築や伝統芸術に触れるとともに広く文化人達を歴訪し、独創的な著述、講演などを通して日本文化の評価・紹介につとめたタウトが日本を去るにあたって残した言葉「われ日本文化を愛す」(Ich lieve die Japanishe Kultur)が、群馬県高崎市少林山の石碑に刻まれている。[24] 彼らの思いに応え、住育によって日本の文化の深化に貢献することが伝統的日本住宅にかかわるものの使命と筆者らは考えている。また、本章3節(5)小節にも述べたことであるが、われわれの現在の文化を担いそれを未来に伝えることの出来る伝統的日本住宅を残し伝えると同時に、モダニズムを凌駕する新しい平成の建築を生み出すことも忘れてはならない。

（2.～6.畑田耕一・林義久）

第1章2～6節は大阪府登録文化財所有者の会ホームページ「文・随想」に掲載の「畑田耕一、林義久、伝統的木造住宅の住育の力と歴史的建造物の保存継承（2007.7.1）」(http://www.culture-h.jp/tohroku-osaka/jyuiku-pdf.

pdf）を、許可を得て一部加筆・変更のうえ掲載するものである。また、本章を草するにあたり、筆者の一人畑田耕一が出前授業を行った際の生徒の感想・意見ならびに畑田家住宅活用保存会のフォーラムと畑田家の一般公開での参加者の感想・意見等を活用あるいは掲載させていただいたことを述べて、謝辞とさせていただく。有難うございました。

参考文献

（1）畑田耕一、建築医、8、56–57
（2）畑田耕一、林義久、文化伝承の教室としての伝統的日本住宅―「住育」の大切さ、大阪府登録文化財所有者の会ホームページ「文・随想」 http://www.culture-h.jp/tohroku-osaka/bun5.html
（3）畑田耕一、林義久、建築と社会、二〇〇六年五月号
（4）緒方淳子「子供たちの眼に輝きを」―畑田塾の更なる発展を願って―、畑田家住宅活用保存会年報、第六号、（二〇〇七）八頁 http://culture-h.jp/hatadake-katsuyo/nenpo6.pdf
（5）畑田弘美、音楽空間としての畑田家住宅、畑田家住宅活用保存会年報、第四号、五頁
http://culture-h.jp/hatadake-katsuyo/nenpo4.pdf
（6）隈研吾「負ける建築」（二〇〇四）岩波書店
（7）畑田耕一、林義久、大阪府の登録有形文化財概要、大阪府登録文化財所有者の会ホームページ「文・随想」
http://www.culture-h.jp/tohroku-osaka/bun2.html
（8）住生活基本計画（全国計画）
http://www.mlit.go.jp/jutakukentiku/house/torikumi/jyuseikatsu/kihonkeikaku.pdf

（9）竹島靖「住育のすすめ」角川ＳＳＣ新書（二〇〇七）

（10）畑田耕一、古い日本住宅に見られる生活の工夫、（二〇〇四）、出版　畑田家住宅活用保存会、ISBN4-903247-01-5、http://culture-h.jp/hatadake-katsuyo/shuppan-2.pdf

（11）Koichi Hatada ,Ingenious Ideas Seen in Ancient Japanese Homes, (English translation by Eri Ichikawa) http://culture-h.jp/hatadake-katsuyo/shuppan-2-eng.pdf

（12）早稲田大学尾島俊雄研究室ＰＲＨ研究会、富山プロジェクト（ＰＲＨ：Perfect Recycle House） http://www.ojima.arch.waseda.ac.jp/~prh/toyama/index.html

（13）ワンガリ マータイ著、福岡伸一訳「モッタイナイで地球は緑になる」（二〇〇五）木楽舎

（14）a．田中耕一、ノーベル化学賞受賞記念講演会（早稲田大学大隈講堂） http://www.waseda.jp/student/weekly/contents/2003a/992n.html

b．田中耕一、生涯最高の失敗、朝日新聞社刊

（15）畑田耕一、林義久、登録文化財の活用保存と学校教育、大阪府登録文化財所有者の会ホームページ「文・随想」、http://www.culture-h.jp/tohroku-osaka/bun1.html

（16）文部省「小学校　文化や伝統を大切にする心を育てる」道徳教育推進指導資料（指導の手引き）7、平成一一年

（17）畑田耕一、小学校への出前授業の楽しみ—頭は帽子をかぶるためではなく考えるためにある、畑田家住宅活用保存会ホームページ「文・随想」　http://culture-h.jp/hatadake-katsuyo/bun5.html

（18）畑田耕一、渋谷亘、矢野富美子、これからの日本の教育、畑田家住宅活用保存会ホームページ「文・随想」、http://culture-h.jp/hatadake-katsuyo/bun19.html

（19）「広辞苑」（一九九八）、岩波書店

(20)「歴史教科書10の争点」藤岡信勝と新しい歴史教科書をつくる会編、(二〇〇五)徳間書店:第3章　西尾幹二、「ヨーロッパ人の世界進出—これだけは譲れない歴史教科書10の争点」

(21) モダニズム様式とは、歴史的様式の装飾的な部分を全面的に否定して20世紀初頭に生み出された新しい建築様式である。資本主義的な生産の発展に適合する効率的な建築設計・生産のありかたの追求の中で生み出され、現代の主要な建築のつくりかたとして、アジアやアメリカなどを中心に定着している。また、もう一つのモダニズム建築・現代建築として、ル・コルビュジェらのモダニズム様式やその後の現代建築様式を安易に真似て建設された私たちの身の回りにある大量の建築物を、〝大衆化したモダニズム建築〟と呼んでいる。参考資料:竹山清明、「生産性第一のモダニズム建築デザインの問題点と発展の方向性」建築とまちづくり、No.351(二〇〇七)p.22

(22) 朝日新聞　二〇〇五年四月一六日　朝刊「天声人語」

(23)「ブルーノ・タウトとは」ブルーノ・タウトの会ホームページ、http://www.serere.jp/taut/taut.htrl

(24)「少林寺山とブルーノ・タウト」黄檗山少林寺達磨寺ホームページ
http://www.daruma.or.jp/bruno/index.html

第2章

歴史的建造物とヘリテージマネージメント

屋根の寸法を実測するヘリテージマネージャーの調査員　写真撮影：横関正人

1. 文化財と文化遺産

(1) 文化・文化財とは

文化とは「人間が自然に手を加えて形成してきた物心両面の成果をいう。衣食住をはじめ技術・学問・芸術・宗教・道徳・政治など生活形成の様式と内容を含む」という岩波書店『広辞苑』の記載は、文化財とは「文化活動の客観的所産としての諸事象または諸事物で文化価値を有するもの」という記載とともに「文化、文化財とは何か」を考える切っ掛けを与えてくれる。このことを心に留めてここからの文章をお読みいただければ有難い。また、文化遺産という語は、『広辞苑』では、「将来の文化的発展のために継承されるべき過去の文化」として文化財とは区別されているが、現在では文化財とほぼ同義の語として扱われている場合もある。大事なことは、明確な定義の難しい語を使う場合は、自分は今その語をどういう意味で使用しているかを明確にしておくことである。

文化財というと一般の人も行政関係者も指定文化財と誤解する場合がある。それを避けるためにつくられたのが歴史文化遺産という語である。地域の人々の暮らしと深くかかわってきた歴史的、文化的な自然遺産や、先人により伝えられてきた、知恵・経験・活動の成果やそれが存在する魅力ある伝統的な場の雰囲気も含むのが歴史文化遺産である。極言すれば、地域の個性を示す身の回りのすべてが歴史文化遺産である[1]。

情報科学とその技術は現在の重要な文化であり、それにより創り出されたコンピューターは優れた文化財であるが、その根源は加減乗除のできる算盤であり、それに続く計算尺であり、さらには機械式デジタル計算機、そして真空管式のデジタルコンピューターである。真空管式計算機の国産一号機は大阪大学総合学術博物館に保管されている。いかなる分野の文化・文化財も時とともに深化する。

（2）文化財・文化遺産と法

様々な文化の最も代表的な美術品や歴史的建築物を指し示すために使われ始めた遺産という概念は、徐々に産業遺産などの非芸術的な分野や水中文化遺産などの特殊な分野まで、幅広い意味を持つようになった。文化遺産の概念が、固定された過去のイメージから生きた文化を反映し新たな意味を内包する広義なものに変わりつつある。文化遺産の社会における役割とその保護の重要性も地域社会のみならず、国そして国際的な場でも強く認識されるようになっている[2]。

二一世紀に入った現在、文化遺産の定義を示す重要な国際的文書は、一九七二年のユネスコの世界の文化遺産及び自然遺産の保護に関する条約[3]であると広く認識されており、一八三カ国が批准している。この条約の第一条には、文化遺産とは、記念工作物、建造物群、遺跡で普遍的価値を有するものをいう、と記されている。そして、記念工作物は「記念的意義を有する彫刻及び絵画、考古学的物件又は構造物、銘文、洞窟住居並びにこれらの物件の集合体で、歴史上、美術上又は科学上顕著な普遍的価値を有するもの」、建造物群は、「独立した又は連続した建造物群で、その建築性、均質性又は風景内における位置から、歴史上、美術上又は科学上顕著な普遍的価値を有するもの」、また遺跡は「人工の所産又は人工と自然の結合の所産及び考古学的遺跡を含む区域で、歴史上、観賞上、民族学上又は人類学上顕著な普遍的価値を有するもの」であると記されている[4]。この定義を読むと、建造物が文化遺産に認定されるには建造物群として存在する必要があることになるが、現実には、ケルンの大聖堂が世界遺産になっていることは、たとえ、建造物単体でも「その建築性、又は風景内における位置から、歴史上、美術上又は科学上顕著な普遍的価値を有する」と判断されれば、文化遺産たり得ることを示している[2]。

日本の文化財保護の根本に関する法律は文化財保護法[5]である。この法律の目的は「文化財を保存し、且つ、その活用を図り、もって国民の文化的向上に資するとともに、世界文化の進歩に貢献すること」(第一条)である。そして、「政府及び地方公共団体は、文化財がわが国の歴史、文化等の正しい理解のため欠くことのできないものであり、且つ、将来の文化の向上発展の基礎をなすものであることを認識し、その保存が適切に行われるように、周到の注意をもってこの法律の趣旨の徹底に努めなければならない(第三条)」こと、「一般国民は、政府及び地方公共団体がこの法律の目的を達成するために行う措置に誠実に協力しなければならない(第四条)」こと、および「文化財の所有者その他の関係者は、文化財が貴重な国民的財産であることを自覚し、これを公共のため大切に保存するとともに、できるだけこれを公開する等その文化的活用に努めなければならない(第四条二項)」ことが高らかに謳い上げられている。

文化財保護法は、一九四九年一月二六日の法隆寺金堂の火災により、法隆寺金堂壁画が焼損したことを切っ掛けに、文化財の保護についての総合的な法律として、議員立法により制定されたもので、一九五〇年五月三〇日に施行された。この施行に合わせて、前身である史蹟名勝天然紀念物保存法（一九一九年制定）、国宝保存法（一九二九年制定）および重要美術品等ノ保存ニ関スル法律（一九三三年制定）は廃止された。ただし、重要美術品の認定は当分の間有効とされ、現在に至っている。

文化財保護法の第二条には、文化財が次のように定義されている。

①有形文化財　建造物、絵画、彫刻、工芸品、書跡、典籍、古文書その他の有形の文化的所産で我が国にとって歴史上又は芸術上価値の高いもの（これらのものと一体をなしてその価値を形成している土地その他の物件を含む）並びに考古資料及びその他の学術上価値の高い歴史資料

②無形文化財　演劇、音楽、工芸技術その他の無形の文化的所産で我が国にとって歴史上又は芸術上価値の高いもの

③民俗文化財　衣食住、生業、信仰、年中行事等に関する風俗慣習、民俗芸能、民俗技術及びこれらに用いられる衣服、器具、家屋その他の物件で我が国民の生活の推移の理解のため欠くことのできないもの

④記念物　貝づか、古墳、都城跡、城跡、旧宅その他の遺跡で我が国にとって歴史上又は学術上価

値の高いもの、庭園、橋梁、峡谷、海浜、山岳その他の名勝地で我が国にとって芸術上又は観賞上価値の高いもの並びに動物（生息地、繁殖地及び渡来地を含む）、植物（自生地を含む）及び地質鉱物（特異な自然の現象の生じている土地を含む）で我が国にとって学術上価値の高いもの

⑤文化的景観　地域における人々の生活又は生業及び当該地域の風土により形成された景観地で我が国民の生活又は生業の理解のため欠くことのできないもの

⑥伝統的建造物群　周囲の環境と一体をなして歴史的風致を形成している伝統的な建造物群で価値の高いもの

この法律の第三章〜第九章には右記①〜⑥の文化財等についての法的説明が詳細に行われている。ここで一言述べておかねばならないのは、文化財保護法には、文化遺産という語は現れないということである。世界遺産条約[3]で文化遺産として定義されている記念工作物、建造物群および遺跡は文化財保護法で定義されている文化財の中に含まれているので、両者がよく似た意味を持つ語であることは間違いないが、同義語と考えるには無理があると筆者は思う。先にも述べたように、その都度、明確な定義をして使うべき言葉であろう。文化遺産は、文化財の中で歴史的、文化的、科学的価値が非常に高いあるいは深いものを未来に継承する必要性あるいは価値という点を強調して表現したいときに使用する語と、筆者自身は理解している。

（3） 登録文化財の制度

登録有形文化財は平成七年（一九九五）の文化財保護法改正により創設された文化財登録制度に基づいて文化財登録原簿に登録されるようになった有形文化財のことである。登録対象は当初は建設後五〇年以上経過した建造物に限られていたが、平成一六年（二〇〇四）の文化財保護法改正により建造物以外の有形文化財も登録対象となった。国土の歴史的景観に寄与しているもの、造形の規範となっているもの、再現することが容易でないもの、が調査のうえ登録される。

平成二七年十一月一日現在、建造物一〇一九七件、歴史資料、考古資料などの美術品一四件、生産、生業に用いられる民俗文化財三六件、遺跡、名勝地などの登録記念物九二件で、大部分が建造物である。登録有形文化財が存在しない都道府県はないが、これに関係する市町村の数は八四六で全国の市町村数の約半分である。

都道府県別の登録有形文化財の件数は大阪府が六〇九で一番多く、以下、兵庫五九八、長野四七九、京都四七六、愛知四二二、新潟四〇四、香川三八九、滋賀三六六、東京三三七、群馬三二一と続く。

時代別の登録件数を上表に示す。江戸以前のものの数が最低で、古い歴史的建造物がかなりの速さで消滅しつつあることが分かる。

登録文化財を種別的に見ると、住宅が最多でほぼ半数に近い。次いで産業と宗教関

全国の登録有形文化財件数（時代別）（平成 27.11.1）

江戸以前	明治	大正	昭和	計
1778	3278	2111	3030	10197

全国の登録有形文化財件数（種別）（平成 27.11.1）

産業			交通	官公庁舎	学校	生活関連	文化福祉	住宅	宗教	治山治水	他	計
1次	2次	3次										
111	1010	1315	409	192	319	319	297	4602	1359	193	71	10197

全国の登録有形文化財件数（構造種別）（平成 27.11.1）

建築物	土木構造物	その他の工作物	計
8006	572	1619	10197

係のものである。官公庁舎と学校関係のものは、数は多くないが、文化財の意義と重要性を広く国民に認識してもらう教育的、文化的手段を提供するという点で大事にせねばなるまい（上表参照）。

登録文化財には、重要文化財とは異なり、保存のための費用の公的負担が皆無に近い。したがって個人の住宅では、経済的な理由で保存が困難になることが、かなりの確率で起こり得る。文化財建造物は敷地とともにあるものなので、特に相続の時にはさらなる税法上の優遇措置を講じない限り、相続を契機に重要な歴史的建造物が次々と消滅するというようなことが起こりかねない。この日本の文化財の保存に関わる深刻な問題について市民も行政ももっと真剣に取り組むべきであると思う。

登録文化財には、住宅、事務所、工場、社寺、公共建築などの建築物だけではなく、橋、トンネル、水門、堤防、ダムなどの土木構造物、煙突、塀、櫓などの工作物も築後五〇年を経ていれば、文化財として登録することが出来る。上表に構造種別の件数を示す。

登録文化財の特徴は、事業資産や観光資源としての活用も含めて、かなり自由にいろいろな活用が出来ることである。外観を大きく変えなければ、内装を変えて、ホテル、レストラン、資料館などへの活用も可能である。このような活用を通して国民の文化財への認識を高め地域と国の文化的レベルを向上させるのが第一の目標であるが、同時に地域の経済をはじめとしていろいろな意味の活性化に繋ぐことができれば、それに越したことはない。ただ、個人の住宅を事業資産として活用してその保存のための費用を得るのは容易なことではなく、登録文化財の保存上の経済的難問を文化財の活用だけで解決するのは不可能なことである。

平成八年一〇月に国の登録文化財制度が発足して九年後の平成一七年九月四日、大阪府で、登録文化財の所有者相互の親睦を図り、それを通して、登録文化財を所有することの誇り、責務や悩みなどについての情報交換や情報発信を行い、府民の登録文化財への関心を高めるとともに登録数の増加にも寄与することを目的として「大阪府登録文化財所有者の会」が設立された。その後、京都、愛知、和歌山、秋田、東京でも登録有形文化財所有者の会が設立され、文化財に関わる活動が行われている。

各都府県の登録文化財所有者の会は次の通りである。

秋田県登録文化財所有者の会
京都登文会　http://www.kansetsu.or.jp/kyoto-touroku/
大阪府登録文化財所有者の会　http://www.culture-h.jp/tohroku-osaka/index.html
愛知県国登録有形文化財建造物所有者の会（愛知登文会）　http://www.aichi-tobunkai.org/
東京都登録有形文化財建造物所有者の会　http://www.yukei-bunkazai-tokyo.net/

和歌山県国登録有形文化財所有者の会　http://www.kazabito.com/blog/log/eid236.html

今後は、全国の所有者の会への発展を目指すとともに、日本の歴史・文化の一端を国内はもとより、世界に発信、交流できれば幸いと考えている。

（畑田耕一）

2. 文化財を管理するヘリテージマネージャー

（1）ヘリテージマネージャーとは

ヘリテージマネージャーとは、ヘリテージマネージメント（Cultural Heritage Management　ＣＨＭ）(6)をよく理解し実行する人あるいは専門職のことである。本小節ではヘリテージマネージメントとヘリテージマネージャー、ならびにその関連事項について述べる。

ＣＨＭとは文化財を管理する職業とその実務のことである。それは文化財の修復・保全、博物館学、考古学、歴史、建築学と建築技術などについての実務に関わるものである。ＣＨＭは文化財の確認・鑑定とその内容説明の作成や補修と保存の仕事に関わっているが、一方では伝統的な技術などの無形文化財にも考慮を払っている。ＣＨＭにおける文化財の内容の公開はその存在意義を一般市民に認識してもらうとともに、文化財の継続的管理を行うための収入を得ることの基盤の一つとなるものであって、これらはＣＨＭの公共的側面であると同時に観光事業に繋がる面でもある。それ故、政府や一般市民と意思の疎通を図り、所有者との仲立ちの役目も果たすことは、ヘリテージマネージャーに要求される重要な任務である。

ただ、ここで強調しておきたいのは、文化財の公開・活用・保存によって収入を得ることは、文化遺産・文化財の本来的な存在意義と役割、すなわち、「地域のランドマーク」「精神的な支柱」というまちづくりに欠かせない要素と性質を踏まえたものでなければならず、多くの観光客が来て、注目が集まり、そのうえ収入があれば、それでよいというのではない、ということである。同時に、ヘリテージマネージャーや文化財関係者の活動の視点が学術と保存に著しく偏り、文化財、文化遺産の意義をどのように伝えていくか、という本来の目的を見失ってしまうことも厳に慎まねばならない。(7、8) この考え方は世界遺産も含めてすべての文化遺産・文化財の活用・保存に適用されるべきものであると思う。

日本の政府・文化庁は、これまでも法律や規則を整備することにより、文化遺産、文化財をまちづくり・地域づくりと関連づけて保存・活用する方策を進めてきたが、その経費の殆ど全てを所有者・地域の人々とヘリテージマネージャーの努力に頼っていたことを政府・地方自治体そして何よりも一般市民がよく理解しなければなるまい。

さらに重大なのは、過疎化少子高齢化が確実に進行し、住民自治組織や檀家氏子組織の弱体化、後継者の不在などにより長年継承されてきた民俗芸能の続行が困難となったり、歴史的な建造物が無人状態となったり、史跡が十分管理されなくなってきていることである。文化財行政がもしこの時期を乗り越えることができなければ、千年単位で繋がってきた知恵や知識が途絶えてしまうという危機感を共有すべき時期に直面している、というのは過言ではない。(7)

CHMは第二次世界大戦の前後とその後数十年の間に北米と欧州全土を通じて実施された救出考古学（Rescue Archaeology）と都市考古学（Urban Archaeology）における調査と研究にその起源がある。考古学上の遺跡が大規模な公共事業計画や都市開発、大規模農業、採鉱活動などのために場所を開ける必要が起こり、破壊される前に考古学上の遺跡を確認し救出しようとして文化財の救出計画が緊急に実施されたわけである。救出考古学の初期の頃は重要な文化遺産でさえも、その存在の故に工事を遅らせることは殆どなく、救出考古学者たちは消防署の救急隊員のような仕事を強いられながら、遺跡が失われてしまうことも多かったという。しかし、これらの必死の救出作業によって多くのデータが消滅することなく救われて保存され、後世の人の研究対象として役立っている。最近数十年の間に、文化財・文化遺産の保全に関しては各国でそれぞれ法律が整備されて法規制が行われており、ユネスコ（UNESCO　国際連合教育科学文化機関）がこれを、特に世界遺産に関しては、前にも述べたように、全面的に支援している。(3)

これらのことより、ヘリテージマネージャーの大事な役割の一つは、文化財の外観・構造・特色・特性の保全・保存と、その目標を損なうことなく如何にして目標達成のための収入を得るかを考え、実行あるいはその行為を支援するところにあることは明らかである。たとえば、歴史的な住宅を商業的に活用してその文化財としての価値を充分に保ちつつ如何にしてその住宅の保存に必要な収入を得るかはヘリテージマネージャーの腕の見せ所である。活用が観光業に関わる場合は観光客の数の増加による収入の増大と文化財の損傷の可能性の増大とをどのようにバランスさせるかも重要である。(6)

ヘリテージマネージャーの個々の専門分野と文化的背景は極めて多様と考えられるので、互いに連携を取りつつ協力して管理業務を行えば、行政からの人的・経済的支援・援助も得て、いろいろな分

文化財登録のためのヘリテージマネージャーらの実測調査
現地にて記念撮影（2014年10月）　写真撮影：横関正人

野の文化財の活用と保存を円滑に支援・指導できるはずである。大いなる活躍を期待したい(9)。

多元文化社会における文化遺産の管理・運営の意義・状況は、その実務にかかわる機会の有無は別として、ヘリテージマネージャーが認識しておくべきことの一つであろう。近年、世界各地において宗教、イデオロギー、民族の違いによる紛争が原因の歴史的遺産の無益な破壊が繰り返されてきた。文化遺産の保全を通じて、異なる文化や歴史観を相互に理解し調和をはぐくむことは大切である。最近では、経済開発が急速に進むアジア諸国においてさえも、紛争が原因の遺産の破壊が開発圧力による破壊よりもより深刻であることが認識されている。微妙な采配が求められるところであろう(10)。

なお、日本建築士会連合会の「歴史的建造物の保全活用に係る専門家（ヘリテージマネージャー）育成・活用のためのガイドライン」(11)には、ヘリテージマネージャーの役割、ヘリテージマネージャーとして最低限知っておくべき知識、身に着けておくべき建築修理の技法・工法、環境計画（まちづくり）の立案能力、業務の目標などが記されている。

兵庫県では，平成一二年（二〇〇〇）兵庫県文化財保護審議会の「ヘリテージマネージャー制度の創設」提言を受けて、登録文化財制度を担う人材育成を目的としてヘリテージマネージャー制度を平成一四年に発足させた。この制度の下で行われる育成講習会を修了したヘリテージマネージャー（兵庫県歴史文化遺産活用推進員）は、地域に眠る歴史的に価値ある建造物を発掘し、評価、修理、保存に当たるとともに、その活用により地域のまちづくりに活かすべく県の教育委員会や所有者に対して助言を行うなど、積極的に活動している。この制度が広く認知されるにつれて、県内の登録文化財の登録の約八割を取りまとめるなど、市町村の教育委員会や民間からも登録文化財に関する相談を受けるようになってきているという(12)。なお、兵庫県でも空き家の数が増大を続けており、これに対して「さとの空き家活用支援事業(13)」などいろいろな対策が行われているが、ここでもヘリテージマネージャーの活躍が期待されている。

ヘリテージマネージャー育成の試みは徐々に広がりつつあり、大阪府でも、平成二五年度よりヘリテージマネージャー育成講座が始められ、平成二七年八月現在で四七名のヘリテージマネージャーが誕生している(14)。

新しくヘリテージマネージャーになられる方の参考までに、大阪府登録文化財所有者の会が所有者に対して行った「登録文化財建造物維持管理上の問題点」についてのアンケートの結果を次頁に示す。

この結果を見ると、登録文化財建造物保存の最大の問題は補修費の調達であることが分かる。建物

登録文化財建造物維持管理上の問題点

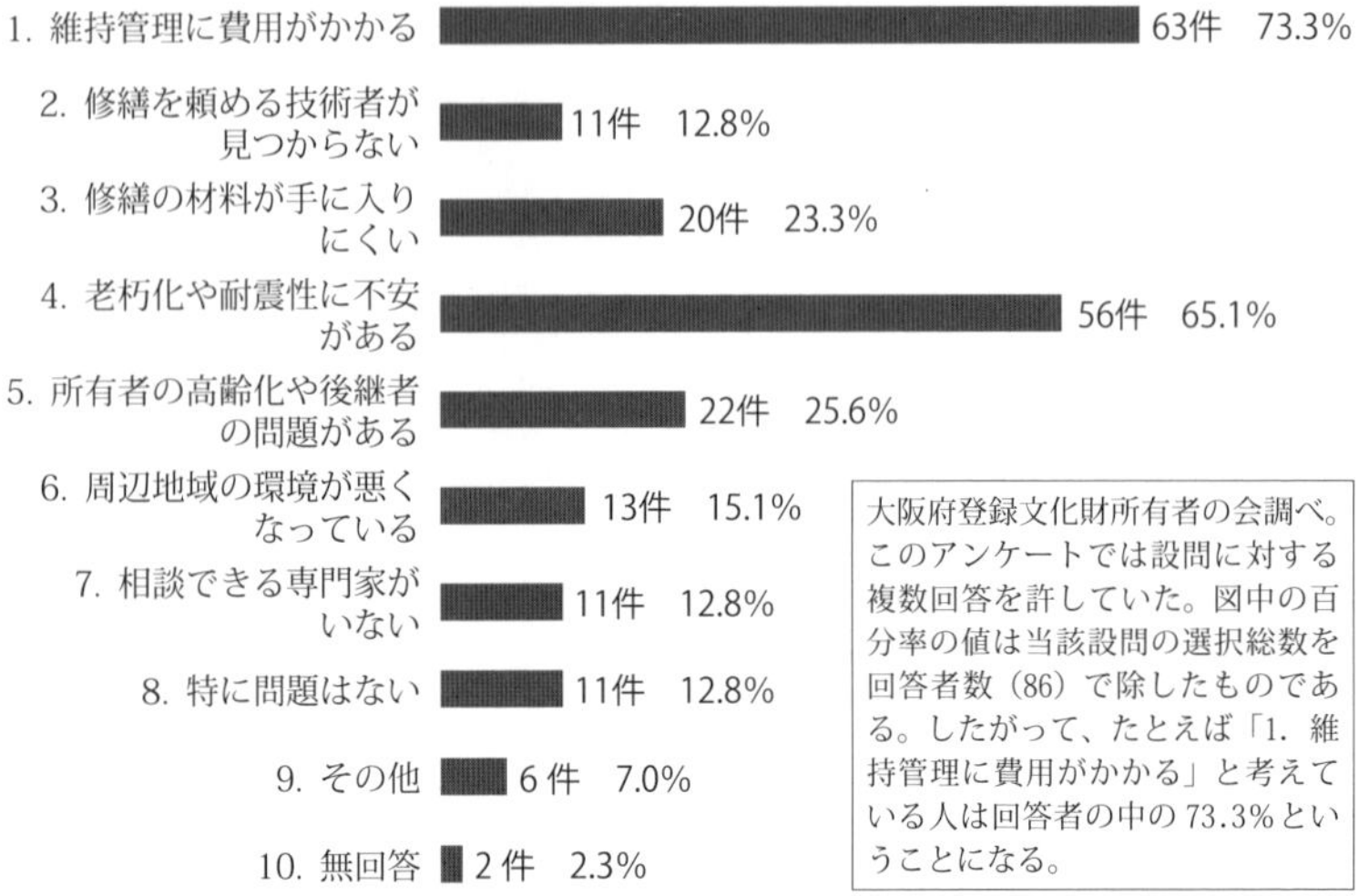

大阪府登録文化財所有者の会調べ。このアンケートでは設問に対する複数回答を許していた。図中の百分率の値は当該設問の選択総数を回答者数（86）で除したものである。したがって、たとえば「1. 維持管理に費用がかかる」と考えている人は回答者の中の73.3%ということになる。

が、会社、レストラン、喫茶店、医院、薬局、貸会場などの商業的活用に供されている場合、寺院、教会、神社などの宗教的建造物である場合、学校、大学、博物館、美術館などの教育機関等である場合、橋などの公共物の場合などは、その支持母体が補修費を捻出できるのであまり大きな問題はない。

しかし、登録文化財の大部分は個人所有の住宅である。その保存のための費用は当然個人負担となる。その費用をいかにして賄うかが登録文化財の制度を維持するための大きな問題点の一つである。これを解決しないで、登録するだけで保存を期待することはできない。個人所有の大部分を占める木造住宅の補修費は通常一回あたり数百万円と思われるが、それでも個人の所有者にとってはかなり高額である。登録文化財の寺西家住宅（大阪市）は、向かいにある自己所有で木造二階建・

瓦葺入母屋造の典型的な長屋建築で登録文化財として登録されている建物を改修して飲食店経営者に賃貸している。個人住宅の登録文化財の保存費用を上手に賄っている好例である。ただ、残念ながらこのような条件に当てはまる登録文化財の個人住宅は極めて少ない。

所有者以外のお金で期待できるのは、篤志家あるいは団体からの寄付、活用保存会による支援、地方交付金の有効活用、景観条例の活用、河内長野市などに見られる国及び都道府県市町村からの公的資金による支援などである。これらの中、補修費に相当する額の寄付は我が国ではあまり多くは期待できない。地域の人々を中心とする活用保存に対する支援組織の設立はかなりの場所で実現しており、文化財活用の人的・経済的支援には大いに役立っているが、この方式のみで数百万円の補修費を調達するのはかなり困難である。

地方交付金は、地方自治体の収入の格差を少なくするために交付される資金で、国税の一部を財政基盤の弱い自治体に配分するもので、自治体間での財政格差を補うことが目的である。総務省が算定する際に、登録文化財については道府県では一件当たり一万円程度、市町村では一三万円程度が積算されている。したがって、一カ所に一〇件の建物のある文化財では、当該市町村に一三〇万円程度が地方交付金として交付されている勘定になる。この金額では通常の補修費には不十分であるが、五～六年に一度ということにすれば、文化財の補修に役立つ支援金を支出することができる。このような年度予算の効率的活用のための工夫は許されていいのではなかろうか。

市町村が、文化財の保存のための資金を支援している例がある。例えば、大阪府の河内長野市は、文化財保存事業補助金交付要綱（平成一二年十一月一日）の「要綱第五九号」[15]に基づいて補助対象経費の五〇％を、二三〇〇万円を限度として支援しているが、登録文化財の場合は一一五〇万円を限度として総額の二五％が補助される。札幌市はその景観条例[16]に基づいて年間総額五〇〇万円を限度として文化財補修の費用を支援している。この条例は札幌市の場合、全ての登録文化財建造物に適用されているので、上手に活用すれば補修の助けにはなる。

登録有形文化財建造物の保存と活用を図るために必要な保存修理に係る設計監理に要する経費は、一部を除いて、その五〇％を国が負担する。これは、文化財の修理部分の設計はその保存上きわめて重要との考えに基づくものである。[17]

日本の大学には、残念なことに、ＣＨＭに関する学科、コース、研究室は非常に少ない。筑波大学には大学院博士前期・後期課程研究科世界文化遺産学専攻があるが、その名の通り、世界文化遺産が主な対象である。北海道大学　観光学高等研究センター　観光創造論・観光地域マネージメント論講座の西山徳明教授は、身近な「おたから」から「世界遺産」まで遺産を発見し創造することを目標とする講義と演習を行っている。また、池ノ上真一准教授は歴史的建造物をはじめとする文化遺産やコミュニティーの仕組みとなりわいを地域の再生と課題の解決にいかにつなぐかを研究している。東京芸術大学大学院美術研究科文化財保存学専攻には日本画、油画、彫刻、工芸、建造物のそれぞれの保存修復にかかわる研究室、保存科学研究室および保存システム学の研究室があり、上野勝久教授（現在は文化庁主任文化財主任調査官、後任は長尾充教授）の率いる文化財保存修復建造物研究室が木造を含めた歴史的建造物の保存修復の研究に当たっている。この専攻の構成には広い分野の文化財の保存修復を総合的に研究しようとする意図が強く感じられ、今後の発展・深化が楽しみである。長岡造形大学建築・環境デザイン学科文化財建造物保存コースでは木村勉研究室、平山育男研究室を中心に歴史的文化財の保存と修復の教育・研究が活発に行われている。奈良大学文学部には文化財学科があり、文化財マネージメントを含む講義が坂井秀彌教授によって行われている。また、京都女子大学家政学部生活造形学科には齊藤英俊教授担当の建築史・文化財保存学の研究室がある。これらの大学の研究室が情報技術を駆使して全国的な大学間ネットワークを構築すれば、文化財の保存・継承にかかわる世界的レベルの教育・研究が行えるはずである。文化財E-大学（オンライン大学）の設立を期待している。この種の大学の設立が文化財とその修復・保全に興味を持つ広い年齢層の学生の数の増大を促し、それがまた大学の関連する専攻・学科・コース・研究室などの増加につながると思う。

（2）歴史的建造物の活用と保存は今を生きる市民の使命

伝統的建造物は人間としての誇りや豊かな感性を育てる背景となる風景・景観をも構成している。これ無しには、文化・伝統の継承は困難である。今を生きる我々は歴史的建造物を保存し未来に引き継ぐ使命を帯びているのである。これは、文化財の所有者だけに課せられているものではない。このことを国民は常に深く認識していてほしいと思う。前小節に述べたように登録文化財の所有者の七〇%以上が維持管理上の最大の問題点はその費用であると述べている。歴史的建造物も含めて文化財の保存の費用を所有者のみに依存していると文化財は消滅しかねない。これを防ぐ方法は所有者以外の資金の投入しかない。フィンランドは九〇年代前半の不況時に文化予算のレベルを宝くじなどの他の財源で補填して水準を維持した[18]と聞くが、根本的解決法は政府及び地方公共団体の財政的援助すなわち公的資金の投入しかないと思われる。問題を登録有形文化財に限れば、国民一人当たり年間五〇円程度の徴収で現在の登録文化財は金銭的には修復・保存できるのである。ただ、公的資金の投入を可能にするには、国民の文化財を大切に思う心の養成が不可欠である。そのために、文化財の活用を通して、その内容を一般に公開して市民の文化財への認識向上を図り、また、保存のための補修の方法や費用についても詳細に説明し、それを通して、その維持管理の費用について、所有者の負担軽減と公費の投入を訴えるのが効果的と思う。

歴史的建造物の活用は所有者の協力と努力なしには成り立たない。所有者に活用方法についての適切な助言・支援・協力をすることと、所有者、一般市民、行政関係者相互間の緊密な協力関係を構築するための努力もヘリテージマネージャーの重要な任務であり、使命であることは、前小節の冒頭で述べたとおりである。活用事業を行うに当たっては、参加者の文化財の活用・保存に対する意欲と興味を出来るだけ喚起するような形で行事を運営し、その成果を年報、ホームページ、書籍などで可能な限り公表することが望まれる。文化財所有者が、自らの家を会場として文化財を大切にする心の養成にかかわる出前授業などの教育活動を行うのも重要な活用事業の一つであるが、これについては第1章5節で述べたし、次の(3)小節でも述べる。また、活用の具体例については、第3章3節を参照いただきたい。

歴史的建造物の活用を所有者が自主的・意欲的に行えるためには、何らかの行政的支援のあることが望ましい。たとえば活用行事当たり一〇万円程度の支給や各種の税制的優遇措置などの財政的支援、活用に関する機材、広報（市報、ホームページ）、駐車場、文書印刷の便宜供与などの物的支援および企画・実行段階での技術力供与・情報提供などの人的支援などが考えられる。地域の大学、各種団体、新聞、学会等の専門家集団、建築士会などからの支援や企業の芸術・文化支援活動などの援助を得ることも可能であろう。

一般市民にとって馴染みやすい登録文化財建造物の数の拡大、文化行政に携わる人材の増強と行政・企業・市民で支える文化財活用保存基金の設立などが歴史的建造物の活用・保存にとって喫緊の要事の一つであろう。

（3）文化と道徳と教育

読売新聞本社の全国調査(19)によると、文化財建造物等に対する落書きや人為的な破損被害が平成二〇年からさかのぼる五年間に全国で少なくとも四五件確認されており、多数の文化財を抱える奈良県教育委員会は被害の傾向について「大胆かつ悪質化している」と述べている。また、この記事では小学生のいたずらによる落書きも確認されたことから、東北芸術工科大学の松田泰典教授（美術史・文化財保存修復学会会員）は、「いたずらは想像力の決如が原因、小さい時から文化財に触れる必要がある」

と述べている。この想像力の欠如は文化財に対するいたずらだけに留まらない広がりを持つ問題である。文化財へのいたずらがその周囲の環境や日本・世界の未来に及ぼす影響を推し量る能力すなわち想像力を持たないから、平気でそのようなことができるのである。想像力の欠如は、この力をその根源とする道徳的能力の欠如につながる。

道徳的能力とは、人間が、自分以外の人を含めた宇宙のあらゆるものに対してどのように振る舞うべきかを自分で判断できる能力のことである。この宇宙のあらゆるものとは、今存在するすべての人やものだけではなく、過去に存在して今は消滅してしまっている人やもの、これから生まれ、発生してくる人やものをも含んでいる。既に亡くなった人たちとも、またこれから生まれてくる人たちとも会話ができて、自分がその人たちに対してどのような態度をとるべきかを判断できる力が真の道徳的能力である。その根底が豊かな想像力であることは容易に理解できよう。豊かな想像力を駆使して過去を理解し、未来を推し量ることのできるものは文化を継承しこれを深め、さらには新しい文化の創造へとつなぐことができるはずである。想像力は創造力に通じる。このような、想像力を生かした対話は、常に謙虚な気持ちで対話の相手を畏敬し、自分よりは大きな存在と考えなければ成立し得ない。想像力と畏敬の念は文化の伝承とその深化を目的とする教育の根幹に関わる力でもある。この畏敬の念を伴った想像力を養えば文化財に対する畏敬の念が自然に湧き出るはずである。文化財への畏敬の念なしには道徳的能力は発揮できないとも言うことができよう。

子供たちの大半が登録文化財のような古い伝統的木造住宅に住み、自分のお爺さんやお婆さんが作った家という思いを持って住む家を慈しむような環境では、子供たちは、ごく自然に想像力を養い、道徳的能力を高めることができた。今はそのような環境は皆無に近い。子供たちの豊かな想像力を開発し、それを道徳的能力の開発と創造力の発揮に繋ぐ教育的配慮、措置、授業が必要である。子供たちが歴史的文化財の活用を通した学習によって歴史、文化を身近なものとして受け止めることができるようになれば、彼らが成長する頃には国民の文化財に対する意識は向上し、文化財の扱いに対する国民の合意が現在よりも得られやすくなる。国民の文化財に対する意識が向上すれば、当然、子供たちの文化財学習のレベルは向上する。このような循環が成立すれば、登録文化財建造物などの歴史的建造物の次代への継承は今以上に容易となることが期待される。文化や伝統を大切にするこころを育てる道徳教育を小学校での教育にしっかりと根付かせることが大事である[20]。

右記のような思いをもって、小・中学生を対象に、登録文化財である筆者の生家の見学会と「古い日本住宅に見られる生活の工夫」や「道徳」を語る出前授業に努めている。

「畑田家を見学して改めて命って大切なのだと思いました。見学するまでは自分の命のことしか思いませんでした。物にも命がある、と言われて本当にその大切さが分かりました」、「天井の木目やシミなどから想像する力が養われるということに、木造の家はすごいのだと思いました」、「想像をする力をつけると創造する力になると聞いて道徳の勉強の目的を知りました。国語も算数の勉強も道徳の勉強の目的と同じなのかなと思いました。勉強をする目的はそういうことなのだと話を聞いて思いました」は小学校五年生の筆者の話に対する感想文である。小学校五年生が、国語も算数も道徳の勉強も、その根本は想像力の養成と発揮なのだと気付いてくれたのは、本当に素晴らしく、嬉しいことであった。

「家に住み続けることによって、後世に歴史を伝えることができると言われたのを聞き、そうなればいいなと深く思いました。なぜなら、私は将来、おじいちゃんの家をゆずってもらい、そこに住んでもいいと言われているからです」、「これから先を生きる僕らは先生から教えてもらったことを未来の人たちへ伝えていくことがいかに大切なのかが家を通して分かりました。家だけでなく生きる上で様々な工夫をすること、その最短のルートは昔の人々のくらし方を知った上で学ぶことだと思いました。このお話は忘れません」は中学三年生の、そして「子供たちに建物を通して、先ずは現在住んでいる家に目を向けさせ、歴史を肌で感じ考え次の世代に引き継ぐ使命を理解させることができれば、殺伐とした世の中が少しは変わるのではないかと思います。住育の力の大切さに感じ入りました」は担任の先生の言葉である。筆者の話をよく聞いて、それぞれに考えてもらっていることが分かって心強い。文化財に関わるいろいろな問題を解決するカギや力の根源は常に教育にあることを、ヘリテージマネージャーを含む文化財関係者は常に心に留めておいて欲しい。

(4) 平成につくる未来の文化財

日本の古い家屋は、これまでの日本の文化の担い手であるだけではなく、新しい文化発信の拠点でもある。本章1節(2)小節で述べた文化財保護法の目的は、このことを見事に言い表している。現在の日本の住宅は機能的で便利であって、わけのわからない隅など存在しない。本書の冒頭、第1章1節でも述べたとおり、一見無駄に見える空間の多い伝統的木造住宅とは異なり、隅から隅まで見えていて、隠れん坊などしようがない、言い方を変えると、ゆとりのない空間である。ゆとりのない住宅の空間から、落ち着いたゆとりのある社会を生み出すことは難しい。ゆとりのない社会では、ゆとりのある教育は行い難い。教育の世界も含めてゆとりのない社会から、新しい文化が生まれ、深まることは難しい。そのうえ、現在の日本の住宅の多くは、自然と見事に融合している伝統的木造住宅とは異なり、外界とは全く隔絶した空間である。これを家と呼んでよいのだろうか。この辺りで、将来、「平成の文化財」と呼ばれるような家の建築を考えるべき時ではなかろうか。

家を設計し創るのは建築士ら専門家であるが、その切っ掛けをつくるのは、大抵の場合、そこに住む予定の一般市民である。自分が作った家が、長期間生き続けて将来人を作る力を持つようにするにはどうするのが良いのかを考えるのは家の施主の大事な仕事であるが、建築士を含む建築関係者もそれに対する助言が出来なければならない。また、建築関係者は、材料の性質と機能あるいは建築物の構造と機能について一般人が考えるための基本的データをよく整理された、一般人にも分かりやすい形で提供することが望ましい。

未来の文化財たるべき家はやはり木造であって欲しいと筆者は思う。木造住宅を前提とした場合、建築関係者は、木材強度の伐採後の経年変化とその木材種類依存性、木材強度が木材の種類・生息環境・使用環境・セルロース以外の成分によってどう変わるか、木材強度の変化のメカニズム、木材の耐水性の種類依存性、木材の害虫耐性は木材の種類でどう変わるのか、木造建築に接着剤を使うことの是非、半合成木材の性質の経時変化、土壁の強度と耐久性の経時変化、などのデータをきっちりと纏めて提供するべきであろう。また、柱・梁・桁の強度と太さ・長さ・接続部の構造との関係、柱・梁・桁の接続部に金物を使用することの利害得失、木造住宅の屋根および壁の材料と構造はいかにあるべきか、木造住宅の基礎の構造ならびに基礎と柱の接続はいかにあるべきか、木造住宅における筋交いの効用、木造住宅を地震被害、台風被害、豪雨被害、豪雪被害、害虫被害、火災被害から守る方法についても、具体的な証左をともなう提言や意見がほしい。半合成木材を木造住宅の構造材料として使用することの是非、材料のリサイクルを考慮した木造建築の構造はいかにあるべきか、理想的な耐火・耐震木造住宅、住みやすく耐久性が高く住育の力を持ち得る木造住宅、木造住宅の理想的な補修・保存方法についても専門家の詳細なご意見をお伺いしたいところである。

古い日本住宅には二世帯三世代で住まうものが多かった。戦後の核家族化と勤務地の広域化などの影響で、この種の住宅は激減したが、家の住育力だけでなく、三世代交流による教育力の点から考えても、二世帯三世代住宅はよくできた住宅であったと思う。例えば、筆者の母親の両親は長男一家と住んでいた。母の両親の住むいわゆる隠居所と長男一家の住む主屋とは泉水のある広い庭に面して建てられており、廊下で結ばれていて、お互いに行き来が可能であった。廊下の真ん中には庭側が全面ガラスの小部屋があって、共通スペースになっていた。それぞれの世帯の居住区をそれぞれ別にしたうえで、お互いに繋ぐなど世帯間の独立性と世代間の交流性を上手にバランスさせる工夫をした素晴らしい住宅だったと、いまにして思う。

この小節で述べてきたような多様な問題の全てに対して一人のヘリテージマネージャーが適切に答えることは不可能かもしれない。もしそうであれば、本節(1)小節にも述べたように、ヘリテージマネージャーがチームを組んで考えていただきたい。その結果が、一冊あるいは数冊の分厚い本になれば大変ありがたいと思う。そして、自分が住まう家を建てる全ての人達が、自己の歴史と文化を注ぎ込んで自分にとって好ましい新しい家を作り、建ち上がった家とともに生活し対話することで、その家の住育の力と自己の教養・文化の力を高め、未来に残すべき文化を家に付け加えて次世代に引き継いでいただきたい。家には、建てて住んでみて初めて分かる不具合もある。そのような時に、もし必要であれば、改築・補修も行って、家の住み易さとともに住育力を高めることも可能である。建築後の改築は木造住宅の方が行いやすいのは言うまでもない。自らが住まう家の住育力を活用して自分を高め、それによって、また、家の住育力を高め深めるということの繰り返しで、自らの家を素晴らしい文化財として未来に残していただくことを強く希うものである。

(畑田耕一)

3．美しい街並みを残そう

（1）大阪府登録文化財所有者の会とその活動

大阪府では、平成二七年（二〇一五）十一月一日現在、建造物六〇九件、美術工芸品（考古）一件、登録記念物五件（名勝地四件、動物植物地質鉱物一件）が登録されている。これらの中、美術工芸品（考古）は関西大学博物館蔵本山彦一蒐集資料、名勝地は西山氏庭園（豊中市）、旧中西氏庭園（吹田市）、旧西尾氏庭園（吹田市）、南氏庭園（阪南市）の四件、また、動物植物地質鉱物関係の記念物は大阪大学総合学術博物館が所蔵するマチカネワニ化石である。

大阪府登録文化財所有者の会（略称：大阪登文会）は、登録文化財制度の発足九年後の平成一七年（二〇〇五）九月四日に日本で初めて設立された。平成二七年（二〇一五）九月現在、正会員九七名、特別会員一九名、協力会員一名の構成である。

会の目的は、

①登録有形文化財の保存と活用に係わる活動を行い、市民の文化的資質の向上を図り、もって世界人類の幸福に貢献する、

②会員相互の親睦と登録有形文化財に関する情報交換を図るとともに、市民との交流に努める、
③国の登録有形文化財所有者等との連携を図り、将来的に「全国の登録有形文化財所有者の会」への発展を目指す、ことである。

現在の会の活動状況は、おおよそ次の通りである。

①登録文化財の活用・保存に関わる活動
a. 案内冊子「大阪府の登録文化財」の編集・発行（二〇〇八）、改訂（二〇一二）
b. 大阪府の登録文化財所有者へのアンケートの実施
c. 登録文化財バスツアー
d. 文化庁委託事業の実施（後述）
②市民の文化財への認識を深める活動
文化財カフェ、サイエンスカフェなどの開催
③年報の発行とホームページの作成[21]
④大阪府ヘリテージマネージャー制度の確立への大阪府教育委員会、大阪建築士会との協同作業

会員自らが所有する文化財での活動は、住宅・社屋・店舗としての使用、学校施設としての活用、レストラン、喫茶室としての使用、博物館・資料館などとしての活用、文化・教育フォーラム、音楽会などの開催、一般公開、古い日本住宅における生活の工夫や住育、道徳などについての出前授業な

ど極めて多岐にわたっており、これらが会の活動の根幹を支えている。

平成二〇年度から二二年度の三年間に実施した文化庁委託事業の成果を以下に簡単に報告する。詳細は大阪府登録文化財所有者の会のホームページ(21)をご覧いただきたい。

平成二〇年度の「どないする?文化財の活用のあり方とかかるお金」(22)では、文化財の活用は、地域の教育・文化レベルの向上に大きく貢献しており、且つ、行政が行ったときの十分の一程度の費用で、きわめて効果的に行なえることが確認できた。活用が継続して行われるためには、教育・文化に興味を持ち、企画・実行能力、文章作成能力、情報技術能力を持ち、且つ広範囲な人的ネットワークを持つ人材が必要で、そのための教育的・社会的な配慮・措置が必要である。

平成二一年度の「学校教育における登録文化財の活用について」(23)では、主として小学生に対する登録文化財についての出前授業、登録文化財の見学学習、文化財の敷地やその周辺における芋掘りや堆肥作りなどの農業体験、昔のくらしと道具の見学ならびに体験学習などを行った。参加した生徒・教員の意見や感想と事業活動関係者の意見を集約すると、生徒に対して次のような効果を与えることが出来たと考えられる。

①物にも命があることの理解と物を大切にする心ならびに勿体ないと思う心の育成

②ねずみ返し、床下貯蔵庫、龕灯《がんどう》、風呂敷、屋根裏や中二階の活用など、昔の生活に見られる工夫とそのための努力を考えることによる想像力の育成

③「数々の道具が生活のために人々が生み出してきた大切な宝物であり、工夫された家の構造も昔の人々の知恵が作り出した素晴らしいものだと子供達が気づくよい機会でした」という小学校の先生の意見が示すように、古い家での体験が生徒たちに歴史を学び未来を開く力を与えたこと

④昔の家は、「畳の部屋ばかりで廊下がない」、「広い庭がある」、「庭に木がなぜいっぱいあるのか」など子供達の素直な感想・質問や「子供達は、自分が今住んでいる家と比べて、昔の家のよさに気付いたり、昔の家に住んでみたいと思ったりして、昔は家が大切にされてきたことを実感できたようです」という小学校の先生の意見が示すように、伝統的建築物は新しい発見の場、自然と融合し歴史と文化を伝える学びの場であることを生徒達が実感したこと

これらのことは、登録文化財建造物が、歴史と文化を伝える学びの場として、物を大切にする心と歴史を学び未来を開く力の育成を通して人間が生きていく上の根本の力である想像力の育成につなぐ力を持っていることを示している。古い日本住宅は、日本が真の民主主義国家として世界平和に貢献できる国になるために、日本と世界にかかわるいろいろな問題を考え議論することのできる地域の拠点の一つであるといっても過言ではなかろう。

担任の先生の「畑田家の古き良き道具や昔の人の工夫を見せながら、『何故、そうなるのか』、『本当にそうなのか』と疑えと指摘して下さったことが、とてもありがたく心に残っています。教師は、教えるのではなく、問いかけるのが仕事、子供たちがわくわくし、問題を解決してみたくなる問いか

けに苦戦する毎日です」という意見を聞いて、古い日本住宅の住育の力を生かして子供たちの考える力の育成に励まねばと思うこの頃である。

平成二二年度の文化庁委託事業「商業利用の登録文化財建造物の管理と社会的評価(24)」の成果は、建設当初の建築構造の概要と建築上の特徴、金属類の供出、偽装命令、戦後の連合国軍最高司令官総司令部（ＧＨＱ）による接収などの戦争の傷跡、建設後の増築・改修工事、所有者・管理者の登録文化財の活用・保存への想い、文化財の活用・保存についてのテナントの意見調査の結果、飲食店や物販店舗に来る顧客の文化財の活用・保存への評価など多岐にわたる興味深い内容を含んでいるので、是非とも文献24をお読みいただきたい。

これらの結果の総合的な解析から文化財建造物の保存に関して明らかになったことは、

①登録文化財の保存はその所有形態に大きく左右される。個人所有では相続問題が、会社所有の場合は株主の意見が、自社ビルの場合は自社の営業成績が影響する。テナントビルの場合は、比較的安定した経営ができて、保存に専念できる。

②戦争がもたらした最大の被害は伝統的技術の向上や文化の深化の中断である。ただ、最近は文化財の保存・修復技術も進歩しているので、所有者が適切な技術と技術者を探し当てることは、それほど困難ではなく、問題はむしろそのための人的ネットワークの構築と工事のための予算措置にあるように思われる。

③建物の高容積化は必ずしも高収益に繋がらない。木造の寺西長屋の場合、長屋を五階建てマンションに建替えるよりも長屋として再生する方が、三倍以上の収益が上がることが立証された。その原因は、マンション建設工事費の借金返済額と固定資産税等の税金である。

④戦前のコンクリート造は極めて堅牢である。本調査の対象建築物は戦前の鉄筋コンクリート建物であるが、阪神淡路大震災の被害を殆ど受けていない。一方、戦後に増築された部分や周辺の戦後に建てられたビルには被害が出ている。これは、戦前と近年とでコンクリート打設の方法とコンクリートの材料の質および配合が変わったからである。この事実は、今後、現在の建築物構造基準の妥当性を含めて詳細に解析されるべきであり、本事業の重要な結論の一つである。

これら三年間の文化庁委託事業は、登録文化財建造物の活用を社会的、教育的ならびに商業的な視点から調査・研究したもので、その結果は、将来の文化財の活用・保存を考えるうえで大いに役に立つ参考資料であると考えている。大阪府登録文化財所有者の会の他の活動の成果とともに、ヘリテージマネージャーの方々が、その活動に役立てていただくことを期待している[25]。

アインシュタインが一九二二年に一ヵ月余り滞在して帰国する際に、朝日新聞に記事[26]を寄せ、一ヵ月余りの日本滞在で、日本全体を世界の文化財と感じ、それを伝承する日本国民にエールを送ったという話は、本書の第1章6節に述べたところである。ところが、残念なことに、我が国では高度経済成長の過程で多くの価値ある歴史遺産を失ってきた。今もそれが続いている。このような状況を改善し、将来にわたって日本の美しさを保っていくには、それに接するだけで、建物の年齢より遥かに若い人でも「懐かしい」と感じられるような、日本人の心を秘めた登録文化財などの歴史的建造物に対して、人々の関心を高めることが必要である。これが、ヘリテージマネージャーの根源的な使命であることを強調して置きたいと思う。

（畑田耕一）

本小節は畑田家住宅活用保存会ホームページの「文・随想」に掲載の「歴史的建造物とヘリテージマネージメント」畑田耕一　http://culture-h.jp/hatadake-katsuyo/HeritageManagementAndCulturalHeritage.pdf　の第1節〜第7節を、許可を得て一部変更・加筆のうえ掲載するものである。

（2）白川郷を訪ねて

小学校五年生頃まで茅葺きの家に住んでいたためか、年々少なくなっていく茅葺きの家に郷愁を覚え、目に入れば写真に収めたくなるこの頃である。そんな折、長女夫婦が私の還暦祝いにどこか行きたいところをと聞いてくれたので、すかさず白川郷と応えた。今年貰った年賀状に白川郷の写真があったので、一層行きたくなったのである。

道中、雪がしんしんと降っていて、雪景色を眺めながらの旅であったが、荻町を見下ろす荻町城跡展望台に着いた頃には雪が止み、空がだんだん明るくなってきた。周り一面雪に覆われた中にたくさんの合掌造りの家が眼下に広がる様は筆舌に尽くしがたい光景であった。近くでは五〜六歳の男の子

荻町城址展望台より

が誰も足を踏み入れていない雪の中へ飛び込んで、うつぶせになったり、腰まで雪に埋まったりしながら、満足そうに歩く姿が印象的であった。
　主な道は雪が除かれていたり、水を出して雪を溶かしてあった。周りを散策していると空が晴れてきて、青空と雪と合掌造りの家の対比が素晴らしく、想像を絶する風景をかもし出していた。後ろを振り向くと、空はどんよりとしていたが、田んぼの水溜りに合掌造りの家がきれいに写っていて、思わずシャッターを

重要文化財　和田家

切った。三脚にカメラをつけてじっと構えておられる人がいて、一番良さそうな場所で写真を撮ることが出来なかったのが心残りであった。

荻町最大の合掌造りで、江戸時代に建築され、国の重要文化財に指定されている「和田家」を見学した。この家は今も当主の家族が住んでおられ、一部を公開しておられる。囲炉裏の間や座敷、仏間などがあり、昔使われていた漆の食器類や白川郷の四季おりおりの風景写真などが展示されていた。雪の白川郷を見て感動したばかりであったが、いずれの季節もきれいな風景であろうことが窺えた。二、三階には民具や農具類が展示されており、乾燥野菜も吊り下げられている。屋根裏の柱類が縄で何重にも縛られているのが印象に残った。「この縄は何年ぐらい持つのかな」とふと思った。また、雪の多いこの地方では軒先に、藁で編んだ囲い（雪囲い）をつけて、屋根雪が落ちても、家の周りを人が通れるようにしてあるのも興味深い生活の工夫であった。

一九九五年にユネスコの世界文化遺産に登録された白川郷だが、茅葺屋根の職人がほとんどいなくなった今、どのようにしておられるのかと思っていたら、村人がお互いに助け合い協力して四〇年〜

五〇年に一度の屋根の葺き替えをして、合掌造りを守り続けておられると聞いて安心した。ここでは、まだお互いに助け合う精神が息づいていて、その心が私達旅人にやすらぎと感動を与えてくれているように思える。天候に恵まれ感動しっぱなしの旅であった。

（矢野富美子）

本小節は、畑田家住宅活用保存会ホームページの「文・随想」に掲載の「白川郷を訪ねて」http://culture-h.jp/hatadake-katsuyo/bun1.html を許可を得て一部変更のうえ掲載した。

（3）写真で見るアメリカの歴史的文化財

一九七三年からの一年間、筆者はアメリカ・マサチューセッツ州のアマーストにあるマサチューセッツ州立大学のヴォーグル教授の研究室に博士研究員として勤務した。その間、家族五人でアメリ

（写真1）スウィフトウォーターのカバードブリッジ

（写真2）カバードブリッジの内部

カ東北部の古い街並みや歴史的建造物を見聞し、古い日本住宅の場合と同様に親しみと懐かしさを覚えたものである。そのいくつかを写真をまじえて紹介する。

映画マディソン郡の橋で有名になったカバードブリッジ（Covered bridge）はアメリカの田舎の代表的な風物の一つと筆者は思う。周りの風景と見事に融け合ったその佇まいは初めて見た時からある種の懐かしさを覚えた。

カバードブリッジは木製の橋の寿命を延ばすための工夫であり、雪深いところでは冬の交通の安全のためとも聞いた。写真1はニューハンプシャー州バースのスウィフトウォーター（Swiftwater）カバードブリッジである。スウィフトウォーター滝を見下ろす位置にある見事な橋で、一八四九年の建設である。橋の内部のトラス構造は写真2をご覧いただきたい。

この州のコーニッシュ・ウィンザー（Cornish-Windsor）カバードブリッジはアメリカで一番長い四六〇フィートのカバードブリッジであったが、二〇〇八年にオハイオ州アシュタビューラ（Ashtabula）郡にスモーレン・ガルフ（Smolen-Gulf）カバードブリッジ（六一三フィート）が建設され、この記録が破られた[27]。文化財の保存・継承の分野にもゲーム感覚を持ち込んで楽しみながら将来の文化財候補を作るあたり、さすがはアメリカ人という気がする。

アメリカでの文化財保存に対する政策の一つとして、一九九八年に"Save America's Treasures"（アメリカのお宝文化財を守ろう）という国家プロジェクト（次の(4)小節参照）が発足している。このプロジェクトによる文化財保存の一例が、一九世紀のアメリカを代表する女流詩人の一人であるエミリー・ディッキンソン（Emily Dickinson）の生家で、筆者らが住んでいたアマーストに博物館として今も残っている。この詳細については次の(4)小節をお読みいただきたい。

（写真3）アマースト最古の建物

アマーストにある名門アマーストカレッジのジョンソン・チャペルの正面右には新島襄の肖像画が掲げられており、第二次世界大戦中も外されることはなかった。新島は一八七〇年にアマーストカレッジを卒業して理学士の学位を取得す

（写真4）オーチャード・ハウス

（写真5）Old Stone Shop

る。これは日本人初の学士の学位取得であったという。彼はのちに宣教師となって帰国し、同志社大学の建学の祖となるが、彼がアメリカから持ち帰ったものは、アマーストカレッジとその近くの女子大学の名門マウントホリヨークの心であったように筆者には思える。

写真3はアマースト最古の建物で、白ペンキ塗りの典型的なアメリカ住宅である。白ペンキがよく使われるのは値段が安いからと聞いた。写真4はマサチューセッツ州のコンコードにあるオーチャード・ハウス（若草物語を書いたLouisa May Alcottの家）である。また、写真5はバーモント州にある綺麗な石造りの文化財の建物で干し草用三つまたがアメリカで初めてつくられた場所である。この町には、国際ロータリーの創始者ポールハリスが少年時代を過ごした彼の祖父の家が残っている。

アメリカのここで述べたような歴史的建造物では、オープンハウスや、講演会、勉強会、音楽会など、様々なイベントが行われていて、文化財からのいろいろな意味での情報発信と地域の人々の文化的交流に役立っている。（畑田耕一）

本小節は、畑田家住宅活用保存会ホームページの「文・随想」に掲載の「歴史的建造物とヘリテージマネージメント」（畑田耕一）http://culture-h.jp/hatadake-katsuyo/HeritageManagementAndCulturalHeritage.pdf の第8節「写真で見るアメリカの歴史的文化財」を許可を得て一部変更のうえ掲載するものである。

（4）アメリカにおける文化財保存の現状

私は二〇〇二年九月から二年間、マサチューセッツ州立大学のファウスト（Faust）先生の研究室に留学した。仕事の傍ら、アメリカの古い建物について経験したことを紹介したい。なお、この研究室は、前小節に述べられているマサチューセッツ州立大学のアマースト校とは異なり、ローウェル校のキャンパスにある。

マサチューセッツ州には、清教徒上陸の地や独立戦争の遺跡、古都ボストンなどアメリカ建国以来の歴史的場所が多く存在し、古き良きアメリカが色濃く残っている。私の住んでいたトゥークスベリー（Tewksbury）は、北隣のニューハンプシャー州に近い小さな町であったが、大きな道が交差する町の中央に高い塔をもつ教会があり、そのまわりに学校や市役所などの公共の施設が点在するとい

トゥークスベリーの町並み

う、典型的なニューイングランドスタイルの町であった。町の中には古い建物だけではなく、当然最近の建物や大きな公共建築も混ざっているが、現代的なデザインでそれと気づかせるようなことはなくてひっそりと存在し、その結果、町全体が非常に調和した雰囲気を保っている。アメリカの素晴らしい所を一つ挙げるとすれば、文化的価値のある建物が日々の暮らしの中にそれとなく存在しているという点である。この点において日本はアメリカに遠く及ばない。アメリカでの文化財保存に対する政策の一つとして、前小節で述べられているように、一九九八年にアメリカの文化財保存に関する“Save America's Treasures”(28)という国家プロジェクトが発足している。これは、国立公園を維持管理している“National Park Service”と歴史的建造物の維持を支援している“National Trust for Historic Preservation”を横断的に結び、文化財の保存や修復をトータルで支援していくプロジェクトである。このプロジェクト発足以降これまで総額二億四千二百万ドルがさまざまな文化財の調査や修復に宛てられている。ちなみに、クリントン大統領時代の二〇〇一年まではこのプロジェクトには年間九千五百万ドルの予算がついていたが、ブッシュ大統領が就任した二〇〇二年から、予算が年間三千万ドルと大幅に削減されている。

このプロジェクトによる文化財保存の一例として、エミリー・ディッキンソン博物館を挙げたい。ディッキンソン（Dickinson）は一九世紀のアメリカを代表する女流詩人の一人であるが、彼女の生家がマサチューセッツ州アマーストに博物館として今も残っていることは前小節でも述べたとおりである。博物館となる前、この建物には二〇世紀様式のペイントが施され長年の風雨にさらされた状態で放置されていたが、二〇〇四年に大規模な修復作業が行われ一九世紀当時の佇まいが復元された。博物館となった今、この建物ではオープンハウスやディッキンソンの詩の朗読会、講演会など、様々なイベントが行われている。このエミリー・ディッキンソン博物館に限らず、歴史的価値のある建物が保存修復されそこで講演会や勉強会が開催されるという事が、アメリカではごく普通に行われている。

エミリー・ディッキンソン博物館

日本でも古い建物の保存は行われているが、そこには、歴史上の有名人物に関係するから、あるいは貴重な建築様式であるから、のような視点しかないように自分には思える。古い建物をただ保存するのではなく、講演会や演奏会など様々な方面に活用する試みを続けている畑田家住宅のような存在は、今の日本ではまだ貴重である。日本でも文化財保護が単なる歴史的観点からだけでなく、教育や地域社会とのかかわり合いという観点から見ても重要であると広く認識されることを希望してやまない。

（多和田　誠）

本小節は、畑田家住宅活用保存会ホームページの「文・随想」に掲載の「アメリカにおける文化財保存の現状」（多和田　誠）http://culture-h.jp/hatadake-katsuyo/bun14.html　を、許可を得て一部改訂のうえ掲載するものである。

（5）オランダの歴史的都市ドルドレヒトを訪ねて

オランダは建築や都市計画に関する政策の一環として、歴史的（記念）建造物（モニュメント）の保存と修復に力を入れている国である。一九八八年に歴史的（記念）建造物法（Historic Buildings and Ancient Monuments Act）が制定された。現在、オランダ国内において歴史的建造物に指定されている建物は市庁舎、教会、美術館を含む五万五〇〇〇点以上に及ぶ。その中で、ロータリー財団奨学金を受けて留学中に現地でお世話になったホストロータリアンの生まれ故郷であるドルドレヒトを訪れたときのことを述べたい。オランダの最も古い都市と呼ばれているドルドレヒトは、オランダ南西部の旧マース川を含む複数の川に囲まれた歴史の古い港町である。古くから欧州で船舶の交通量が最も多い港であり、オランダのみならず、欧州中からやってきた船舶が停泊している。街の運河沿いには伝統

ドルドレヒトの川沿いの風景

的な住宅が建ち並び、歴史の深さを感じ取ることができる。この街では旧教会をはじめとした約一〇〇〇点の建物が歴史的建造物として指定されている。ドルドレヒト美術館には主にドルドレヒト出身の画家による一七世紀から二〇世紀初頭のオランダを描いた絵画が多数展示されている。特に当時のドルドレヒトの町並みを描いた絵画が印象的である。それらの絵を現在の風景と比較してみると、昔の風景がほとんど変わらずに保存されていることが分かる。例えば、一八八六年にヨハン・バルトルト・ヨンキント（Johan Barthold Jongkind）によって描かれたドルドレヒトの川沿いの風景画の中の高くそびえ立つ数本の木、鐘がある高い時計台、そしてカフェ等の建物は私が実際に見た風景（写真参照）とほとんど同じで、まるで当時のドルドレヒトにタイムスリップした感じがした。

オランダ全土で毎年、九月の第二週の週末に開催されるオープン・モニュメント・デーでは普段は非公開の歴史的建造物が一般公開される。入場料は無料である。毎年テーマが決められ、たとえば「宗教的遺産」がテーマの年は、教会等を中心とした建造物が公開された。公開される場所の情報は各町の観光案内所で入手できるようになっている。過去に、郊外の小さな村にある建物や酪農・農家が公開されたときには、多くの見物客が訪問したということであった。

（長島美由紀）

本小節は、畑田家住宅活用保存会ホームページの「文・随想」に掲載の「オランダの歴史的都市ドルドレヒトを訪ねて」（長島美由紀）http://culture-h.jp/hatadake-katsuyo/bun9.html　を、許可を得て一部改訂のうえ掲載するものである。

参考文献

（1）第二回文化審議会文化財分科会企画調査会（平成一八年一二月二二日(金) 15:00~17:00）における村上裕道氏の事例発表：「兵庫県の取り組み　歴史文化遺産活用構想―ふるさと文化の創造的伝承に向けて」http://www.bunka.go.jp/seisaku/bunkashingikai/bunkazai/kikaku/h18/02/pdf/kikakuchousakai_2_siryou4.pdf
（2）ムニール ブシュナキ（Mounir Bouchenaki　イクロム所長）アジアの文化遺産保存への新たな挑戦―イクロムの取り組み、ACCUニュース　No.363　2007.9　http://www.accu.or.jp/jp/accunews/news363/363_01.pdf
イクロム（ICCROM：International Centre for the Study of the Preservation and Restoration of Cultural Property　文化財保護修復研究国際センター）
（3）世界の文化遺産及び自然遺産の保護に関する条約（一九七二年一一月一六日第一七回ユネスコ総会採択　一九七

五年一二月一七日効力発生）「一九七二年条約」、一般には「世界遺産条約」と呼ばれている。
http://www.mext.go.jp/unesco/009/003/013.pdf

（4） Convention Concerning the Protection of the World Cultural and Natural Heritage
http://whc.unesco.org/en/conventiontext/
I. Definition of the Cultural and Natural Heritage
Article 1
For the purposes of this Convention, the following shall be considered as “cultural heritage”:
monuments: architectural works, works of monumental sculpture and painting, elements or structures of an archaeological nature, inscriptions, cave dwellings and combinations of features, which are of outstanding universal value from the point of view of history, art or science;
groups of buildings: groups of separate or connected buildings which, because of their architecture, their homogeneity or their place in the landscape, are of outstanding universal value from the point of view of history, art or science;
sites: works of man or the combined works of nature and man, and areas including archaeological sites which are of outstanding universal value from the historical, aesthetic, ethnological or anthropological point of view.

（5） 文化財保護法（昭和二五年五月三〇日法律第二一四号最終改正：平成二三年五月二日法律第三七号）
http://law.e-gov.go.jp/htmldata/S25/S25HO214.html

（6） Cultural heritage management http://en.wikipedia.org/wiki/Cultural_heritage_management

（7） 京都で開催されたユネスコの世界遺産条約採択四〇周年記念最終会合の成果文書「京都ビジョンと地域社会にお

ける文化遺産保護」文化庁月報　平成二五年二月号（No.533）
http://prmagazine.bunka.go.jp/pr/publish/bunkachou_geppou/2013_02/special_03/special_03.html

（8）世界遺産条約採択四〇周年記念最終会合「世界遺産と持続可能な開発：地域社会の役割」（十一月六日～八日、京都）「京都ビジョンのポイント」
http://www.mofa.go.jp/mofaj/gaiko/culture/kyoryoku/kyoto_vision_pt.html

（9）Heritage manager: Job description　http://www.prospects.ac.uk/heritage_manager_job_description.htm

（10）宇高雄志、西山徳明編「文化遺産マネジメントとツーリズムの持続的関係構築に関する研究」国立民族学博物館調査報告　61:97-113（二〇〇六）

（11）日本建築士会連合会の「歴史的建造物の保全活用に係る専門家（ヘリテージマネージャー）育成・活用のためのガイドライン」http://www.kenchikushikai.or.jp/data/hm-net/date-05.pdf

（12）文化審議会文化政策部会報告「地域文化の振興と発信」
http://www.mext.go.jp/b_menu/shing/bunka/toushin/0502160/007.htm

（13）兵庫県「さとの空き家活用支援事業」
https://web.pref.hyogo.lg.jp/ks26/machi-saisei/sato-akiya/sato-akiya.html

（14）大阪府ヘリテージマネージャー育成講座報告書

（15）大阪府河内長野市文化財保存事業補助金交付要綱　平成一二年十一月一日　要綱第五九号
http://www.city.kawachinagano.lg.jp/static/reiki/reiki_honbun/1700RG00000795.html

（16）札幌市の景観条例
http://www.city.sapporo.jp/keikaku/keikan/keikanhou/documents/keikanzyorei.pdf

（17）　登録有形文化財建造物修理事業費国庫補助要項参照
http://www.bunka.go.jp/bunkazai/hojo/pdf/tourokuyushi_kenzoubutsu.pdf
（18）　後藤和子、文化庁月報、No.476、二〇〇八年五月号
（19）　読売新聞、平成二〇年一月二五日朝刊
（20）　畑田耕一、林　義久、「登録文化財建造物の住育力と道徳教育」（二〇〇八年五月二二日
http://culture-h.jp/hatadake-katsuyo/tohroku-dohtoku.pdf）
（21）　大阪府登録文化財所有者の会ホームページ　http://www.culture-h.jp/tohroku-osaka/index.html
（22）　平成二〇年度文化庁委託事業「どないする?-文化財の活用のあり方とかかるお金」
http://www.culture-h.jp/tohroku-osaka/bunkacho2008npo.pdf
（23）　平成二一年度文化庁委託事業「学校教育における登録文化財の活用について」
http://www.culture-h.jp/tohroku-osaka/Bunkacholtaku2009.pdf
（24）　平成二二年度文化庁委託事業「商業利用の登録文化財建造物の管理と社会的評価」
http://www.culture-h.jp/tohroku-osaka/bunkachogyoji2010.pdf
（25）　これら三年間の文化庁委託事業の成果報告書（文献22、23および24）のホームページ掲載以来現在までの一ヵ月当たりのアクセス回数はそれぞれ238、179および220である。最近一年間の回数は206、172および203で全期間の平均値と比べて大差はない。ただ、教育関係の事業を行った平成二一年度の報告書へのアクセス数が他の二つに比べて明らかに少ない。国民の文化財についての関心を高め認識を深めるための教育的努力の必要性を示唆するデータと考えるべきであろう。
（26）　朝日新聞二〇〇五年四月一六日朝刊「天声人語」

(27) Smolen-Gulf Bridge　http://en.wikipedia.org/wiki/Smolen%E2%80%93Gulf_Bridge

(28) Save America's Treasures　http://www.preservationnation.org/travel-and-sites/save-americas-treasures/

第3章

登録有形文化財の保存と活用

兒山家住宅

1．登録文化財制度と大阪府の登録有形文化財

(1) はじめに

国の登録有形文化財建造物の登録件数は、平成二七年（二〇一五）十一月一日現在で一〇，一九七件に達した。平成八年（一九九六）に制度が創設されて二〇年にして、明治から約一二〇年に渡り連綿と蓄積保存されてきた国宝や重要文化財のような国指定文化財件数の二倍余に達したことになる。これらのうち、大阪府の登録件数は六〇九件、二二三箇所（以下所有者数とする）と全国一位、「大阪府登録文化財所有者の会」（略称：大阪登文会）も全国に先駆け設立された。この機会に本節では大阪府の登録有形文化財建造物の内容を少し詳しく眺めてみたいと思う。

(2) 大阪府の登録有形文化財建造物概観

文化財の種別、建築年代、設計者、様式（和風・洋風）、構造、屋根葺材をまとめたのが次頁の表1である。なお設計者、屋根葺材、構造の合計は大阪府内の登録総数六〇九件に一致していない。設計者は一部の建物しか明らかでなく、屋根葺材もRC建築や橋などのように葺材あるいは屋根そのものがないものが含まれているため、総数より少なくなっている。逆に構造は、「門及び塀」のように構

表1　大阪府内登録有形文化財の登録件数

種　別		建築年代		設計者（建築家）		様式（和洋）		構　造	
住宅	410	江戸・江戸以前	201	ヴォーリズ	5	和	508	木造	399
産業1次	1	明治1－10	27	安井武雄	1	洋	89	レンガ造	7
産業2次	15	明治11－20	22	渡辺節	2	和洋	12	RC造	43
産業3次	38	明治21－30	30	河合浩三	1			SRC造	4
交通	5	明治31－40	12	武田五一	1	**屋根葺材**		S造	2
官公庁舎	2	明治41－45	22	レーモンド	1	瓦	470	石造	10
学校	18	明治(特定困難)	12	辰野・片岡	4	スレート	17	混構成(モーラ含)	10
生活関連	1	大正1－7	26	矢部又吉	1	金属板	44	土蔵	121
文化福祉	19	大正8－15	48	吉田種次郎	1	茅	10	土塀	16
宗教	95	大正(特定困難)	29	山川逸郎	1	檜皮	5	不詳	1
治山治水	3	昭和1－10	109	伊藤平左衛門	1				
その他	2	昭和11－20	53	アメリカ屋	1				
計	609	昭和21－40	18	池田屋事務所	2				

造的に異なる物件が一件として登録されている場合があるために総数より多くなっている。

種　別

種別では住宅が四一〇件と圧倒的に多い。宗教建築と産業三次に使われた、あるいは現在も使われている建造物がこれに次ぎ、文化福祉関係、学校、産業二次と続いている。

建築年代

建築年代では、大きな時代区分でみれば江戸時代以前のものが二〇一件と最多であり、昭和一八〇件、明治一二五件、大正一〇三件と続く。ただ、これは江戸時代が三〇〇年の長期に渡るためで、年数で見れば明治以降の方が多い。明治以降では、昭和前期のものが最多である。

明治時代、大正時代はほぼ同数が登録されている。つまり、明治の末期から昭和の初めにかけての建築が大量に登録されていることになる。登録制度設立の趣旨の一つが、近代（明治・大正・昭和戦前頃）の建造物等の保存活用であるので、この結果は当初の目的にほぼ叶っていることになる。しかし、戦後七〇年を迎え、登録文化財制度としても建築後五〇年という基準に照らすと、昭和四〇年（一九六五）までを登録対象とすることができるようになった今日、終戦前後二〇年間余りの特徴ある建築の保存にも意を用いる必要がある。一九八九年に近代運動に関する建築、敷地、環境の資料化と保存の国際組織として、オランダで設立された「ドコモモ」（DOCOMOMO＝Documentation and Conservation of Buildings, Sites and Neighbourhoods of the Modern Movement）の日本組織である「ドコモモ・ジャパン」では、日本におけるモダニズム建築一〇〇を選定している。大阪府では七件が該当し、そのうち一件（大阪ガスビルディング）が登録文化財になっているのみである。今後は、これらの貴重な建築の登録が行われるべきであろう。

明治の建築が意外に少ないのは、明治二〇年頃までは大阪では本格的な洋風建築が建てられなかったことと、第二次大戦の空襲で木造建築がかなり焼失したことによる。

大正一二年（一九二三）の関東大震災の影響も見逃せない。登録文化財の第一号で後に重要文化財になったコニシ株式会社の木造町屋建築は、明治三六年（一九〇三）に建設され、当初は一部三階建であったが、関東大震災後に危険との判断から、三階部分は撤去されている。しかし、大阪の歴史都市としての中核ともいえる船場地域、特に堺筋を中心とした北船場は、今も近代の大阪を色濃く残す

石川（旧是枝邸）家住宅

宇野薬局

部分であり、少なくなったとはいえ、第二次大戦を免れた企業所有の煉瓦、石、鉄筋コンクリート等の建築はまだ残っている。登録文化財制度を活用して、中之島の景観と一体化する形で大阪の近代を伝える歴史文化ゾーンとして、点ではなく面的な整備ができれば素晴らしいと思う。

建築様式・構造

和洋の建築様式別では、約八三％が和風である。残りが洋風あるいは和洋折衷あるいは融合型であるが、これらもかなりのものが木造建築である。この傾向は、個人の住宅が多いことによるものであろう。建築構造は約六五％が木造で圧倒的に多く、鉄筋コンクリート造（RC造）と鉄骨鉄筋コンクリート造（SRC造）をあわせて約八％、鉄骨造（S造）、レンガ造や石造は少ない。

屋根葺材に注目すると、茅葺、檜皮葺などの植物性屋根葺材のもので登録されている建築は一五件と非常に少ない。内訳は茅葺一〇件、檜皮葺五件である。しかし、府の周辺部では茅葺屋根を鉄板で覆った民家は相当数残っており、特に高槻市郊外などにはこのような茅葺建築がまだかなり存在する。日本の美しい原風景を思い浮かべる時、鉄とコンクリートのみの都市景観ではない、周辺部に残るこれらの建築を保存活用するための知恵が必要である。たとえば、建築基準法や消防法に抵触していても、他の方法で安全性を確保するような法律面での手立て・工夫も必要であろう。

このほか、木造三階建ての看板建築である宇野薬局、木造四階建てで特異な意匠を持つ旧是枝近有邸（堺市）、モーラ式構成網という特殊な金網を用いたコンクリート造りの天理教北阪分教会教職舎（柏原市）など、構造上特色ある建築も多い。石と煉瓦を交互に用いた外観意匠の水道記念館は高潔な建築家と呼ばれた宗兵蔵の設計で、大正三年（一九一四）に建設されたネオルネッサンス様式の建築である。大阪市水道の主力ポンプ場施設として活躍した。その後は水道の歴史や淀川の自然を紹介する展示館として開放されていたが、現在は閉館中である。石と赤煉瓦の組積造風の外観を持つ河村商店（池田市）なども現在では少なくなった建物である。

建築家・設計者

建築家や設計者が明らかになっているものは少ないが、ヴォーリズ設計のものが五件、辰野片岡建築事務所のものが四件、渡辺節のものが二件、武田吾一、安井武雄、山川逸郎、レーモンド、矢部又吉等が各一件である。

大阪における近代の、特に本格的洋風建築の始まりは明治四年（一八七一）の造幣寮の開業であり、現在、重要文化財に指定されている泉布観や旧造幣寮鋳造所正面玄関がある。設計はウォートルスである。その後、明治二〇年頃までは明治七年（一八七四）に江之子島に建てられたキンドル設計の大阪府庁舎が目を引く程度であったが、今は存在しない。明治三〇年代に入ると大阪の洋風建築は急激に増加し、その中では明治三七年（一九〇四）に野口孫一の設計になる重要文化財大阪府立図書館がある。現在登録文化財になっている洋風建築は、大正時代以降のものが多い。設計者の技術が秀でており、最も大阪らしい建築は、渡辺節の設計になる昭和六年（一九三一）の綿業会館である。この建物は、大阪が綿紡績で英国のランカシャーを抜いて世界一となり、「東洋のマンチェスター」と呼ばれた時代、昭和六年に東洋紡役員の寄付をもとに建てられた。当時の金額にして、同時期建設の大阪城の約三倍の建築費を要したという豪華な造りである。しかし内装の豪華さに比べて外観は質素で控えめなもので、当時の大阪人の気質がよく現れている。なお、綿業会館本館は平成九年（一九九七）六月一二日に登録文化財となり、平成一五年一二月二五日に重要文化財に指定された。

（3）登録有形文化財と日常生活とのかかわり

登録文化財は京都や奈良にあるような多くの古い指定文化財のように、歴史上の為政者や社寺の遺構とは異なり、身近な所で現在も使用されているものが多い。これらが日ごろの生活のなかでどのように使われているかを、表1の種別のそれぞれの項目についてもう少し詳しく眺めてみたい。

住　宅

住宅あるいは住宅と他の目的に共用する建物として登録されているもの四一〇件の年代を調べると、江戸時代のものが一四三件と最も多く、昭和が一〇三件とでこれに続き、明治八九件、大正七五件が続く。昭和の住宅のうち、昭和中期（二一年以降）のものは九件しかない。

建築様式は九二％が和風建築であり、洋風または和洋折衷の住宅はすべて大正期以降に造られたものである。構造的には約六六％が木造で、鉄筋または鉄骨鉄筋コンクリート造等は約三％に過ぎない。建物のタイプは、農家が最も多く、商家がこれに次ぐ。酒造、味噌・醤油製造やガラス製造などの生産工場を持つ住宅や近代町屋もかなりある。

第二次大戦末期の焼夷弾等による被災は、大阪市の中心部が最も大きかったが、周辺部にはまだ江戸時代からの大型農家や町屋が残っている。これら江戸時代頃までの伝統技術により造られた木造建築は、戦後の住宅政策の中での量的供給に従った木造住宅とは異なり、太い柱と成《せい》の高い鴨居（成《せい》は桁や梁など建築部材の下端から上端への垂直距離のこと）によって、強固且つ柔軟に組まれ、壁面は丁寧な施工による壁下地と漆喰土壁で固めた躯体に、重量のある日本瓦で葺かれた屋根で覆っていることから、地震、台風、あるいは延焼火災等の災害にも比較的堅牢である。また、木造の民家建築は一見して同じようなものとして見られるが、個々の建築は所有者にとっては自らの人生とともに歩んだ器であり、先祖から引き継がれた貴重な遺産でもあることから、個人にとってはかけがえのないもので

兒山家住宅主屋

あると同時に、地域の歴史的景観の一部ともなり、登録文化財として次代に継承する価値が高い。たとえば、堺市の中南部に所在する兒山家住宅は、最近では少なくなった豪農の屋敷構えをもち、江戸期は代官、明治期は銀行として殖産興業の発展に貢献、現在では留学生のホームスティや文化活動に活用されている。また、柏原市の旧奈良街道に面する寺田家住宅は、江戸時代以来長く庄屋兼問屋として商業活動も行ってきたが、明治天皇の大和行幸に際して、皇后主従の休憩所となるなど、記念すべき歴史を刻んでいる。

産業に関わる建物

一次産業に関わる建築は築留二番樋（柏原市）一件である。これは大和川より農業用水を取水するために設けられた明治期のレンガ構造物である。二次産業に関わる建築は一五件で、大正初期に輸出品として急成長したセルロイドを加工する組合が、昭和一二年（一九三七）に建設した大阪セルロイド会館（大阪市）等を除いて大半が和風木造建築である。また、三次産業に関わる建物三八件のうち住宅と合体したもの一六件は、その大半が明治以前の建造物を含む和風木造建築である。一方、残りの産業に関わるもののみで構成されている建築は、殆どすべて大正以降に造られたもので、大部分が洋

ミナミ株式会社

風の建造物である。たとえば、旧川崎貯蓄銀行福島出張所として昭和九年建設され、現在はミナミ株式会社としてアパレル関係の店舗（大阪市）に使われている建築は、矢部又吉の設計である。少し前まで都市においては駅前の一等地では、必ずといってよいほどにギリシャ・ローマ建築の重厚な意匠を取り入れた銀行建築が見かけられたが、銀行の合併・再編等が進む中で取り壊されて寂しくなってしまった。このミナミ株式会社の建築は比較的小規模であるが、正面は道路に合せて円弧を描き、立体的な細部意匠をより華やかに纏め上げた秀作である。

なお二次産業に関わる和風建築の代表例は宇野薬局（大阪市）、南天苑本館（河内長野市）、西條合資会社旧店舗（河内長野市）で、このうち、宇野薬局は昭和初期の和洋折衷商家の特徴をよく表している建築である。南天宛の本館は、大正二年（一九一三）に堺市大浜に建設された「潮湯」を昭和一〇年に移築したものであり、設計は辰野片岡建築事務所による和風の珍しい作品である。西條合資会社旧店舗は、豊臣秀吉が賞賛したと伝えられ、天野山金剛寺を起源とする天野酒の醸造を行う造り酒屋で、酒屋の店舗等に活用されている。

大阪大学会館

学　校

学校関係の登録文化財は一八件である。旧岸和田村尋常小学校が明治末期の建設である以外すべて大正及び昭和元年から一〇年の建造物で、鉄筋コンクリートの洋風建築が多い。これらのうち、国公立大学施設としては、大阪大学会館、大阪大学総合学術博物館（待兼山修学館）、大阪市立大学本館がある。

大阪大学会館は昭和四年（一九二九）に、もと旧制浪速高等学校校舎として竣工した鉄筋コンクリート四階建の校舎であり、ネオゴシックを思わせる細部意匠に特色がある。大阪大学豊中キャンパスの最も高い位置に建ち、大学構内の景観を引き立てる施設として保存活用されてきた。現在は、「阪大人の共通の思いを寄せる施設」、さらには、「大阪における学術の伝統を受け継ぐシンボル」として、

足踏み式オルガン

社学連携、産学連携、国際連携に関するさまざまな活動が行われる場所として整備され、平成二三年より「大阪大学会館」と呼ばれている。また、大阪大学総合学術博物館は、ワニ類の進化解明に不可欠の標本として注目されているマチカネワニ化石（登録記念物）など様々な学術資料を管理・公開する文化施設として市民に親しまれている。

大阪市立大学本館（大阪市）は、市立大学の前身である大阪商科大学学部本館として、昭和九年に竣工した鉄筋コンクリート三

念仏寺本堂

階建の校舎である。昭和初期の近代モダニズム建築運動を背景として、大阪市の建築課により設計され、大学の歴史を物語る施設として現在も使われている。

学校は文化伝承の重要な拠点の一つである。たとえば、古い木造建築の建物が教科書やオルガンなどの文化財とともに残っているものも未だ多いと思われるので、建築とともに離散消滅しないうちに保存に努めねばなるまい。学校が木造建築であった時代は決してものが豊かではなかったが、先生は尊敬され、現在生じているような登校拒否や暴力沙汰もなく、木造教室で先生の足踏み式オルガンにあわせて生徒が合唱する光景にも、古きよき日本があったのではないか。

文化福祉関係の建物

文化福祉関係の登録文化財は一九件である。四天王寺八角亭、住吉神社能舞台（豊中市）、大阪倶楽部、岸和田市立自泉会館、110頁で述べた水道記念館、大阪城天守閣、源ケ橋温泉それに111頁で述べた綿業会館本館など、大正から昭和一〇年にかけて建設されたものが多い。建築様式は六八％を洋風もしくは和洋折衷が占める。この中で、四天王寺八角亭は、明治三六年（一九〇三）に大阪市天王寺区で開催された第五回内国勧業博覧会の奏楽堂とされた八角平面の小さな建物であるが、窓に色ガラスを使うなど博覧会の華やかさを思い起こさせる建築である。この博覧会は大阪が近代都市へと変化する大きなイベントでもあった。住吉神社能舞台は、中央区本町橋に設置された大阪初の博物館である「府立大阪博物場」に、明治二一年能楽界の篤志家の寄附によって建設された大阪最古の上質な能舞台である。現在は、豊中市の住吉神社に移築されている。大阪倶楽部、岸和田市立自泉会館、綿業会館などは、大正から昭和にかけて、大阪の財界や紡績関連の企業関係者の社交場として建てられたクラブ建築であり、安井武雄、渡辺節など大阪の近代を代表する建築家の設計になる。

玉手橋（写真提供：柏原市立歴史資料館）

宗教関係の建物

宗教関係の登録文化財は九五件のうち江戸時代のものが四五件と約四七％を占めている。天保一三年（一八四二）建立の念仏寺本堂は、上町台地の北寄りでその正面が上町筋に西面しており、この地が寺町であった頃の歴史的景観形成物件としての価値が高く、登録文化財への登録前に、奈良県から仏堂専門の瓦職人を招いて屋根替修理を行っている。特に寺院、神社の建築については、江戸時代の中期の頃までは指定文化財として保存されているものが多いが、江戸時代の中期以降から幕末にかけての物件は、未指定のものが府内にはまだ相当数残っている。これらの建築は、祭りや行事を通じての地域住民のコミュニティーの要であり、また、これらの施設がある寺院境内、鎮守の森等の神域には、年数が経過した大樹や植栽等による緑が充実している場合が多いことから、緑の少ない大阪府こそが、建築とともに寺院や神社の緑環境を保存活用することは、住民の心の拠り所の確保と歴史遺産の保存、災害時の避難地の確保としても是非必要なことと思われる。

交通関係の建造物

交通関係の文化財は五件、橋と駅舎である。現役の橋としては、現在唯一の登録物件である大和川に架かる玉手橋は、近鉄玉手山遊園地への往来に架けられた、日本最多径間である五径間の吊橋で、

水間鉄道水間駅

子供を対象とした遊園地への導入と周囲の景観に配慮したかわいい意匠である。

高度経済成長期に高速道路網の充実や駅前整備によって都市は飛躍的に利便性を獲得したが、一方で、どこの駅に降り立っても、どの町に行っても同じ風景、同じ景観という個性を失ったような町が多くなって久しい。近年はその反省に立ち、少しは個性的な町についての検討もなされつつあるが、一度失ったものは元にはなかなか戻らない。幸いにも明治四〇年（一九〇四）に辰野片岡建築事務所の設計になる南海電気鉄道南海本線の浜寺公園駅舎（堺市）や、大正八年建設の諏訪ノ森駅舎（堺市）、並びに大正一五年（一九二六）に建設された水間鉄道の水間駅舎（貝塚市）が登録文化財として生きて

いることは、非常に稀有な事と言わざるをえない。

なお南海本線沿線は近年鉄路の高架化が進んでおり、浜寺公園駅舎、諏訪ノ森駅舎の保存が懸念されたが、南海電鉄と堺市においては古い駅舎を現地に残し、新しく建設する駅舎に取り込むことで引き続き登録文化財としての保存と活用を図る方針とのことであるので、ぜひその方向で検討を進めていただきたいと思う。

(4) 登録有形文化財建造物の年代別特徴

次に、少し視点を変えて、登録有形文化財をその建築年代という切り口から眺めてみたいと思う。

桃林堂板倉家住宅

江戸期

先ず、江戸時代もしくはそれ以前に建てられたものは二〇一件中一四三件が住宅で、すべて和風の木造建築である。都市部にありながら、茅屋根を維持している大和棟民家の好例であり、和菓子店の店舗としても活用されている桃林堂板倉家住宅（八尾市）、紀州街道沿いで蔵を資料館にしている老舗の漢方薬局「片桐棲龍堂」（堺市）、江戸時代に油屋・金融業を営んだ吉村家住宅（貝塚市）、江戸時代より庄屋や大庄屋を勤めた旧家で広大な敷地の外周に塀と水路を廻らせた中山家住宅（松原市）、113頁で述べた豪農の住宅である兒山家住宅（堺市）、江

築留二番樋

戸時代に醤油製造を業とした商家の岡本家住宅（貝塚市）など特徴ある建物が多い。島下郡一四箇村の大庄屋を勤めた中西家住宅（吹田市）は江戸時代の上層民家の好事例で、長屋門西に続く細長い建物のキララ小屋は農作業で使う丸太などを収納するもので、土塀の役割も兼ねている。

明治期

明治時代に建てられたものは一二五件である。このうち明治一〜一〇年の屋敷を構成する登録文化財は主屋だけ残る長谷川家住宅（高槻市）、田中家住宅（松原市）など少数であるが、他にこれ以降の年代に造られた主屋を含む複数棟から構成される文化財が一三箇所ある。住宅のほかに二次産業および三次産業との混成建築が一件ずつ登録されている。すべて木造建築である。明治一一〜二〇年代の文化財は畑田家住宅、吉田酒造（池田市）など二二件に限られる。畑田家住宅では、主屋、長屋門など六件が登録されている。畑田家住宅は小学生を中心とした次代を担う子供たちに、ノーベル化学賞受賞の白川英樹博士はじめ様々な分野の著名な研究者によるわかりやすい講義、一般公開による庄屋屋敷として日本の住文化の紹介、講師との話し合いに十分な時間をとった文化フォーラムや音楽会などを通じて、地域の文化の泉としての活動を行っている。

明治二一～三〇年代の建物は三〇件、住宅はすべて和風の木造建築である。住宅以外に二次産業および治水治山に関わる建物が登録されている。明治三一～四〇年（一八九八～一九〇七）の建造物は一二件、住宅のほか学校、文化福祉、宗教、交通関係の建物が登録されている。すべて木造であるが、洋風建築（118頁でのべた浜寺公園駅舎等）が初めて出現する。日本は明治の文明開化により、急速に外国の文化を導入して洋風化を進めるが、その根底に江戸時代まで培われてきた優秀な技術があったからこそ外来の技術がうまく導入できたのであって、技術立国としての日本の優秀性がみてとれる。昭和初期になると一般の住宅においては、玄関脇に接客用の応接間として洋室を設けることが流行するが、ここにも木造建築に精通した職人の器用さを見ることができる。

府内の登録文化財第一号で明治三六年（一九〇三）建設のコニシ株式会社（旧コニシ儀助商店、大阪市）のうち、主屋、衣装蔵、二階蔵は、平成一三年六月一五日重要文化財に指定されている。明治四一～四五年建築のものとしては、いろいろな種別の建物が二二件登録されている。大部分が和風の木造であるが、玄関、窓廻りの意匠に特徴のある煉瓦造りの洋風建築北浜レトロビルディング（大阪市）がある。また113頁でも紹介した築留二番樋は明治期のレンガ構造物で、現在唯一の産業一次登録物件である。

北浜レトロビルディング

平成一六年度から府の教育委員会では、府内の「近代化遺産（近代産業遺産）建造物等総合調査」を実施し、平成一九年度には報告書が刊行された。この調査は、鉄道施設、港湾施設、河川施設、灌漑施設等の産業土木施設の調査を含むことから、調査の完了後は、土木分野での登録有形文化財候補の発見が期待される。近代産業遺産の大半は、指定の社寺建築のように意匠や技術等での評価ではなく、どちらかといえば、日本の近代化の礎となった記念物として、また、その地域がある時期特定の産業で栄えた証として、その歴史性の評価が大きな部分を占めている。

水道記念館（旧柴島浄水場送水ポンプ場）

大正期

大正時代の建物の登録件数は一〇三件で時代別件数では最も少ない。内訳は住宅七五、三次産業八、文化福祉四、宗教五、交通二、学校二、官公庁舎一、二次産業六である。洋風及び和洋折衷建築の比率が三五％と各時代の中で最も高いのが大正時代の特徴である。登録文化財中の和洋折衷様式の大部分が大正時代の建築であるのは興味深い。構造は木造が最も多く七九％だが、明治時代に比べ、煉瓦造、鉄筋コンクリート造の占める比率が高くなる。110頁で述べた水道記念館や河村商店などの石と煉瓦の組み合わせはこの時代に特徴的な建築意匠である。また、登録されている教会建築六件中三件が大正時代の建築である。大正期の上層の住宅の様子がよく分かる洋館と和館がそろった田尻歴史館（平成一七年一月二一日に大阪府指定文化財に指定、泉南郡田尻町）、時計塔を持つ外観が時代の特徴をよく表している生駒時計店（大阪市）など特徴ある建物も多い。

また、廃娼の立場からは、負の遺産と呼ばれるかもしれない鯛よし百番（大阪市）は、もと遊郭建築であったが、今は和風料理店として活用されているユニークな建造物である。

大阪城天守閣

昭和期

昭和の登録件数は107頁に述べたように一八〇件と江戸時代に次いで多い。内訳は住宅一〇三、産業二次六、産業三次一七、学校一五、文化福祉一三、宗教二三、交通一、その他二である。建築様式は洋風及び和洋折衷が約三二%、構造は木造の比率が七二%と大正時代の傾向を維持している。

まず昭和一～一〇年代（一九二六～一九三五）の建築だが、一〇九件と昭和の登録の六一%を占める。内訳は住宅五三、産業二次六、産業三次一四、学校一三、文化福祉七、宗教一三、交通一、その他二である。その特徴は、登録件数が非常に多いこと、登録されている学校の大半がこの時代の建築であること、昭和天皇の即位大礼の饗宴場に使われた宮殿建築の一部（千里寺本堂＝吹田市と歓心寺恩賜講堂＝河内長野市）が二件登録されていることであろう。

他にも注目すべき建築はあり、昭和六年建設の大阪城天守閣は市民の寄付で博物館として建設されたシンボル的建築、洋風の外観を持つ公衆浴場の源ケ橋温泉浴場（大阪市）は昭和初期の木造二階建ての建築であり、当時二階部分はビリヤード場として使われており、風呂に入ることが娯楽の一部分とみられていたようである。正面の玄関庇上には向かい合ってアメリカ合衆国の象徴となっている自由の女神の小像が飾られており、大阪における銭湯建築の好例として、庶民文化の一端を垣間見ることができる。寺西家阿倍野長屋（大阪市）はコンパクトな延床面積の中に、風呂、台所、便所、座敷等の機能を備えた当時としては上質な借家住宅であり長屋建築の好例である。四軒長屋としての特色から現在は和、洋、中のレストランに活用されている。岸和田の地名の由来という説のある和田家住宅は外から中は見通せないが、広い敷地に木造の二階部分はお城の塗り込め壁のように纏めた重厚な邸宅であり、城下町の風格ある建築の例である。

源ケ橋温泉浴場

次の昭和十一〜二〇年になると登録数は五三件と急に少なくなってしまう。内訳は住宅四〇、学校二、文化福祉四、宗教五、産業三次二件である。なお、これらのうち、学校は、モダニズム色の強い昭和初期学校建築の好事例といわれる四条畷高等学校本館（四条畷市）があり、昭和九〜十一年にかけて建築されている。この期の鉄筋コンクリート建築は、高度経済成長期の建築とは異なり、材料については、塩分のない川砂、円い形状の川砂利を使用し、仕様書通りの水量でコンクリートを煉るなど丁寧に施工されている。この四条畷高等学校本館も、先の阪神震災で亀裂一つ入らず無事であった。なお、この時期の建築物の構造は和風木造建築が多いが、洋風もしくは和洋折衷も二五％と一定の比率を占めている。

昭和二一年以降の登録はわずかに一八件である。京都東本願寺の建築や靖国神社本殿を建設した第十一世伊藤平左衛門が手がけた大規模な木造仏堂である大念仏寺本堂（大阪市）や、持ち送り（壁に取り付けた庇の支え）を備えた大きな水切瓦の庇を付ける大道旧山本家（太子町）の二階建て土蔵がある。他に、近年では通天閣など著名な文化福祉関係が登録されている。本節(2)小節「建築年代」の項に述べたように、この時代の建築の登録には今後力を入れていかねばならない。

（5）まとめ

以上、平成二七年十一月までに登録された大阪府の登録有形文化財建造物を概観し、その一部を解説した。これらは、平成八年一〇月の登録制度の開始以降およそ二〇年の間に登録された物件で、大阪の、特に近代を中心とした姿を十分に表現しているとは言えないにしても、概ねその傾向はつかめる。また、登録文化財は指定文化財のように厳選して一部の物件を取り上げるものではないから、多種多彩で同種の建造物が複数含まれていることにも気づかされる。さらに、個々の登録文化財は多くの指定文化財のようにそれほど古くはないし、平凡な意匠のものも多い。特に木造の民家建築のように、一見すると同じように見られがちであるが、本節（3）小節「住宅」の項（112頁）でも述べたように、個々の建築は所有者にとっては自らの人生とともに歩んできたものであり、先祖から引き継いだ貴重な遺産である。そして、その建築の誕生の経緯やその後の出来事、事件等は、時代が比較的新しいことから資料が多く残されていることに加えて、何よりも現在の所有者や管理者がよく記憶しているところにも特色がある。

ビル建築のような大きな物件で特徴的なものは、普段われわれが街角で目にする親しみのある存在であり、人によっては良くも悪くも思い出の建築、場所であるかもしれない。街の風景の大きな部分を占める建築は、建てられた当初は物であっても、長くその場所に存在することにより、様々な人間の精神活動に係わり、もはや物を超えた一面をもつ存在になっている。したがって、それらを所有し管理する企業等は、建築を単純に現時点における一企業の消費財（物）としてとらえ、経済性と利便性のみで解体除去することについては極めて慎重でなければならない。たとえ法的には文化財になっていなくとも、一定の公共性が誕生し付加されていると解釈ができるのである。解体除去の理由としてよく使われる耐震性の問題にしても、前小節でも述べたように、高度経済成長期に大量に造られた鉄筋コンクリート建築に比べて、戦前のコンクリート建築の強靭性が指摘されている。もし耐震的に問題がある場合でも、一部の構造的補強等の工夫によって解決できる部分は多々ある。老朽化や耐震性（安全性）を解体除去のための隠れ蓑にするのではなく、物に秘められている歴史性を重く捉え、古いものの価値を評価して大切に考え、後世に伝えて行こうとする見識、理念が重要なのである。

最近は各地でレトロブームに便乗して、芝居の書割《かきわり》のような作り物をよく見かけるが、オリジナルの歴史遺産に勝るものはない。日本では観光振興と結びついて世界遺産がブームであるが、その世界遺産においても、選定に至る重要なポイントは、そのものにオリジナル性（真実性）があるかどうかという部分である。リアルに人間の生活・歴史を、具体的に実見・体感できるものが、本物である歴史的建造物であり、外から訪れる人々は、本物の建築の持つ魅力と、その背後にあるストーリーを知ることにより感動を覚える。そしてそれが結果として観光に強く結びつくのであり、今一度、古くとも本当の物がもつ価値を見直すべきであろう。

日本列島は周りを海で囲まれ、四季というそれほど厳しくはないが変化に富む気候のもとで、人は緑深い自然と美しい水に恵まれて豊かな文化を育くんできた。衣食住の中での住としての木造建築文化などはその最たるものである。このような住文化によっても日本人のアイデンティティーは確立されたのであり、たとえば座敷における立ち居振る舞い一つにも、日本人としての形がある。しかしながら、明治以降の日本は、欧米先進諸外国に追いつくべく工業化を進展させ、近くは第二次大戦による都市の廃墟を立て直すべく、日本人の勤勉かつ器用な部分も活用して、経済成長を成し遂げ、今では世界に冠たる技術立国となった。その反面、一昔前のゆったりとした時間の流れは失われたかのようである。また、今なお続く経済効率性の追求の結果として、物質的には豊かになったが、ふと気がつくと精神面では非常に多くの憂うべき事件や事象が起きている昨今である。今こそ、長い歴史に培われた日本の伝統文化を見直す中で、その一つとしての、日本人と伝統建築との関わりについての再検証が必要であり、それを、次代を担う子供達に伝える必要がある。そのためにも、現在残されている歴史遺産を失ってはならない。

ところで、歴史的建造物を維持管理している所有者の立場からは、古い建造物は年数を経ているがゆえに、その風貌は汚れて傷んでいることがある。一部にはこの汚れた風貌に趣があるという人もいる。しかし、外部がステンレスやガラスで覆われた最近のビル建築においても、窓ふきや補修等の定期的なメンテナンスを行っているように、表面の汚れは適度に落とす必要があるし、場合によっては塗装や部分補修の必要もある。荒れた家（あばら家）状態で放置していたのではその魅力は理解してもらえないし、耐震上の強度を維持する面からも問題がある。適時に適切な維持・補修作業を行うことは、歴史的建造物を伝える所有者の立場としては大切な事である。更に、当初の用途として使わない場合は別の用途で使用・活用することも大切である。使うことが、建築を次代に生き生きと伝える最善の方法でもある。登録文化財は活用が容易な文化財である。

都市は変貌するという。しかし、古いものすべてを無くして新しいものにすることを変貌とはいわない。それでは文化は育たない。過去の積み重ねの上に現在があり、過去をおろそかにすることは現在を否定することでもある。今後も着実に登録文化財が増加し、その保存と活用によって、大阪が個性的かつ魅力的で住みよい都市になることを期待したい。

（地村邦夫・林義久・畑田耕一）

コラム　南河内の文化力

はじめに

私は大阪生まれですから、南河内はそれなりに馴染みのある地域でした。近くに知人がいたこともあって、道明寺には父に連れられてお参りしましたし、戦時中には、忠臣楠木正成に学ぼうということで、その史跡を訪ねて、小学校から観心寺へ参り、高学年になると金剛山に登りました。そして歴史学研究に入ってからは、この地域は後に述べるような理由で、最も重要な対象になりました。

さて私が歴史学の研究に進んだのは、もともと歴史が好きだったためですが、また戦後になって、私たちが今まで習ってきた、いわゆる皇国史観の歴史をそのまま史実とはできないと教えられ、そのなかで正しい歴史を知ろうとしたこと、さらに旧制大阪高校で幕末外交史の権威石井孝先生から見事な日本通史を聞き、戦前からこのようにきちんとした研究があることを知ったからでした。そして京都大学の国史学に進みましたが、当時は、従来の天皇や貴族・大名を中心にした歴史にかわり、私たちの祖先である民衆の研究がおこなわれるようになり、また日本近代社会に色濃く残っていた封建的な要素が問題になっていました。そのような傾向のなかで、私は封建制を研究しようとし、その基礎である農村の状況を明らかにしたいと考えたのです。

大阪南部の綿作地帯

歴史学では日本の近代化は、開国にはじまる外圧のなかで、上からの指導でおこなわれ、封建社会の最後の段階である絶対主義における王権＝天皇制が成立し、半封建的性格の地主制が基盤になる、つまり日本の近代は、「絶対主義天皇制と地主制」を核にしているという主要な学説があり、これによれば日本近代は封建的要素がかなりの比重をしめていることは当然になります。それが戦後の改革により変容したということですが、その歴史的変遷を探ろうとして、日本近代化の特質や地主制などが、研究の重要な論点でした。

さて大坂南部は、米穀とともに木綿・菜種や蔬菜などの商品作物栽培をおこなう豊かな地域であり、近代化の最先進地として注目されていました。そのなかで私は平野郷の調査から始めて、大坂南郊に入り、旧庄屋家である西喜連《にしきれ》の長橋家、更池の田中家ついで古市の森田家などを訪れました。当時平野師範におられた故津田秀夫先生（のち東京教育大学・関西大学教授）の先導もあったのですが、いま思うと、学生の若者を快く迎えて頂いたものと感謝しています。

これらの家は、近代では地主として自作経営はおこなっておられませんが、近世では自作もされており、十七・八世紀の経営を分析すると、年季奉公人を使い、干鰯・油粕などの大量の金肥を投入して、米穀や木綿などを栽培されていました。またこの年季奉公人は一年季の者が多く、譜代のように人身的従属関係はなく、契約による雇用関係と考えました。それらの内容から、私はこの地域では元禄期以降に初期ブルジョア経営が成立している、つまり十七世紀後半以降には近代化が始まっているとしたのです。この考えは、当時の学界では異端の説であり、随分反発をうけましたが、誤りではなかったと思っています。近年はようやく認める方も増えましたし、海外の日本研究では受け入れてもらっています。また、最近の研究では、大坂南郊の村で、商品作物を主に栽培して、年貢とする米を作っていないため、堂島米市場で米を買ってきて領主に納めた事例が報告されていますが、これなどは他地域では全く見られないことでしょう。

このような豊かな土壌から、村内では新興層が台頭し、村政をめぐって庄屋と対立する村方騒動が起こりましたが、それとともに庄屋を先頭に、木綿・菜種などの売り先となる大坂問屋の独占行為に反対して、摂津・河内・和泉三か国千か村以上の村々が大坂町奉行所へ訴訟する、いわゆる「国訴」がおこなわれました。

私は、このような村々の動きを明らかにした論文を書き、大坂近郊の発展と意識の高さを紹介したのでした。

都市の発展

この農村の発展のうえに都市が繁栄しました。近世初期では、兵農分離・商農分離の政策により、江戸・京・大坂の三都や城下町などの都市が発達しましたが、農村部には商人はいないのが建前でした。しかし大坂地域では全国経済の核となる大坂・堺の幕府直轄都市や岸和田・高槻の城下町とともに、在郷町が多数存在しました。在郷町は、建前上は村とされていて、農家も含まれていますが、農村内部の町場でした。

また、このなかで特色は、大坂に大坂本願寺（石山本願寺というのは俗称です）があったため、その勢力を背景に、八尾・久宝寺・富田林・今井・貝塚など、一向宗（浄土真宗）寺院の境内としてできた寺内町があり、戦国時代にもかかわらず、豊かで平和な生活を享受しましたが、それらの町は、近世にも在郷町として存続しました。私はこれらの町々を訪ねましたが、富田林には当初在郷町の調査のつもりで入り、それが寺内町であったことを知って、興味をもちました。

富田林は、戦国期の永禄年間に近隣四か村から出た八人衆が、地域支配者である三好長慶に百貫文を支払い開発の許可を得て建設した町で、一向宗興正寺を戴いて領主とした寺内町でした。興正寺は今も京都西本願寺の隣に伽藍がありますが、一向宗の有力寺院で、大きな勢力をもっていましたから、その傘下に入ったのでした。ここは石川谷の中心都市で、水陸の道が通り、大坂・堺そして大和へとつながっていました。そしてこの建設八人衆の筆頭で代々富田林の庄屋を勤められ、近世古文書を所蔵されている杉山家を訪ねました。杉山家は、農地解放までは五十町歩以上の土地を持たれた府下有数の地主で、今は重要文化財となっている屋敷には、最後の住人となられた杉山孝さんが、お付きの老女さんとお元気にお住まいでした。早く亡くされた二人の御令息の母校の学生ということもあって可愛がっていただき、快く古文書を見せて下さり、それにより私は「寺内町の構造と展開」といった論文などを書かせていただきました。それは一九九四年になってまとめました『日本近世都市史の研究』(東京大学出版会)の出発点になるものでした。

そして度々お邪魔をしたのですが、ある時、孝さんは、私が死ぬと、この家も文書もどうなるかわからない、古文書は富田林へ残すのが筋だが、今の町はこのようなことについて関心がない、息子が出た学校でもあるので、京都大学へ寄付したいといわれて、京都大学国史研究室へ頂くことになりました。その直後、主任教授の小葉田淳先生とともにお礼のご挨拶に伺ったのですが、思いもかけず、この間に孝さんは亡くなっておられました。これはご遺言となったものです。老女さんに伺ったところでは、奥座敷でお二人が話しながら仕事をされていたのが、ふとお声が途切れたので見たら事切れておられたということでした。私は人生の無常を感じるとともに、佳人の最期にふさわしいと思いました。

その後国文学者の松村緑さんの研究により、孝さんは文人長谷川時雨に大正三美人の一人とされたことや、石上露子の筆名ですぐれた歌を残されていることを知りました。また浜寺にお持ちの別荘は、フランスの世界的建築家コルビジェの設計によるものと伺いましたが、改めてこの家の文化水準の高さを感じました。

その後、ご令息の好彦さんと兄上が友人であったことから、内情もご存じだった山崎豊子さんが、孝さんを主人公とした小説「花紋」を書かれ、新珠三千代さんの主演によるテレビドラマにもなりました。いずれにせよ私には農村から都市研究への転換の契機となったこともあり、忘れがたい思い出になっています。また、孝さんの逝去後、このお屋敷などはどのようになるか心配していましたが、幸い重要文化財に指定され、東京にお住まいの好彦夫人から富田林市に寄付されたため、保存の途が通じ、公開もなされていますので喜んでいます。

むすびに

南河内の思い出を記しましたが、この地域は原始・古代以来の豊かな歴史をもつ重要な場であり、近世では経済の最先進地として、すぐれた文化も生み出しました。そして旧家ではお屋敷とともに土地の歴史を示す近世古文書なども伝えておられます。それは前近代の民衆生活を一つの地域として明らかにできる、全国でも数少ない地域といってよいでしょう。

畑田家住宅当主の畑田耕一先生は、学部は違いましたが、大阪大学で親しくさせていただいた友人ですが、ご自宅などの活用・保存に努めておられるのは、この地域の歴史から見ても意味のあることで、その発展を願っています。

（脇田　修）

本文は、畑田家住宅活用保存会ホームページ「文・随想」より許可を得て一部を変更のうえ、掲載するものである。

2．民家に生きる木の建築文化の継承を

日本は木の建築文化の国でした。器用な国民性を生かして、木造の建築技術は独自の発展を遂げ、屋根の反りを上手に作ることや、木材を複雑な刻み方によって繋ぐ仕口や継手と呼ばれる接合技術などに匠の技を見ることができます。

そして、建物を構成する構造材（柱、梁、桁など）が室内から見えるようになっていて、美しいと同時に、もし傷んでもすぐ分かって修理でき、建物の増築や改造が容易で、長年使い続けられるように隅々まで考えられていました。建物は柱や梁のような構造材で構成されていましたので、柱と柱の間を大きな開口部にすることができ、その家に住む人は、外にある自然を身近に感じながら生活して豊かな感性を育むことができたのだと思います。

ところが、近年になって、日本の建築文化を大切にするというよりは、建築が機能性で評価されることが多くなったように思います。重要文化財や指定文化財になっているお寺や神社、古い住宅などの建物は別として、普通の古い建造物はたとえ歴史的にかなりの価値があると考えられるものでも、古いという理由だけで潰されて建て替えられるような傾向が現れてきました。建築を、機能性をもつ構造物という観点だけから観て、文化財であり文化遺産であるという観点からの認識を忘れているの

です。今はまだ残っている歴史のある建物も、減って行くのは時間の問題と考えられます。社会の価値観の転換が必要です。たとえば古い民家は住みにくいので新しくしようということで、工業生産品のような住宅に建て替えるのではなく、歴史のある建物は壊してしまうと二度と同じ物を作ることができない貴重な文化遺産なので、何とか残そうという価値観から出発することを考えては如何でしょうか。

長い目で見ると良いものを大切に長く使う方が、粗悪なものを二五年で使い捨てるよりは、ずっと経済的ですし、日本の木の建築文化を引き継ぎ発展させていくことができます。そして、古い建物を潰して新しいものを作る費用で、古い建物を次世代にうまく引き継げるよう、歴史を担う大事なところを残しながら、今の人々の生活に適応できるよう改修すれば、歴史のある建物はまた百年生きて人々のお役に立つことができるのです。歴史的建造物の構造的補修・補強と機能的改修です。またその際、現代の新しい文化を付け加えて次代に引き継ぐこともできるのです。さらに言えば、古いものを壊して同等の新しいものを作るより費用は安いはずです。

何百年もの間、経年劣化をその都度修理して、何代にも渡って大事に使われてきた古い建物は、長い年月をかけて培われてきた歴史とともに世界に誇れる文化遺産です。一度潰されてしまうと二度と作ることはできません。古い家は訪れる人々にやすらぎを与えてくれると同時に住宅の作り方のお手本としても非常に大事なものであり、一軒でも多くの古い建物がこのような方法で補修・改修されて、生き続けて欲しいと願っています。

歴史のある民家はその地域の特色を持ち、伝統的な技術を持った地元の普通の大工さんによって建てられたものです。用いられる材料もその地域でできたものを使って作られていましたので、建物の形はそれぞれ違っても自然と調和した美しい町並みができていました。そんなわけで、昔は、ことさら美しく、と考えて作らなくても、自然に美しい町並みになっていたので、日本人は建物を建てるときに周囲の景観を考えるという大事なことを忘れてしまったのではないでしょうか。周りの環境に配慮した建物にするには、作る人や住む人が周囲に配慮のできる人間でなくてはなりません。その人が住む家には、住む人の人間性、家族に対する考え方が現れますので、そのような目で見つめるといろいろなことがわかります。新しい家をつくるのには、既にある家も含めて周囲の環境への十分な配慮が必要なのです。

遺跡が発掘されたり、古文書が発見されたりして、歴史は少しずつ書き換えられます。一方、古い建物は、人が中に入って歴史を体験できる貴重な資料です。たとえば、古い住宅は、その地域にある材料を使い、風土や生活に合わせて作られ発展的に受け継がれてきたもので、地域ごとにある程度類型化されてはいても、地域を超えてその時代の思想や哲学を具現化して伝えています。その建物を訪れた人は、人それぞれに、それを意識するかどうかは別として、昔の人の哲学や思想を学び取って帰っていくのだと思います。古い住宅への訪問者の大部分に共通するのは、落ちつくことが出来て、心が和んだという感想をもらされることです。歴史のある建物は、理屈抜きで、人の心を揺さぶる力を持っているのです。

（写真１）日本の建築文化を受け継いで設計した住宅

最近、新しい住宅が、昔から人々の心に培われてきた民家の建築文化を受け継ぐような方法やかたちで建てられることが殆どなくなりました。多くの人が日本の建築文化を受け継がずに、柱や梁の見えない壁の多い住宅に住んでいます。これでは日本の古き良き建築文化は消滅してしまいます。柱や梁で構成された伝統的な構法の家では、大きな窓のような開口部を作ることができました。部屋の中に居ながら四季折々の移ろいを感じ、外の自然や庭と一体となって、細やかな感性を育むことができます。木の温かさがごく自然に住む人の体に伝わってきて心を和ませてくれるのも、伝統的な構法の家の特徴の一つです。（写真１）

古い日本の家は自然の素材で作られており、木目や土壁、瓦の風合いは時がたって古くなってもそれなりの美しさを保っています。当然のことながら、シックハウスとも無縁です。昔は周りの自然とともに、家が人間の五感にとって魅力的な空間でした。それによって、感受性や想像力の豊かな人間が育ったのだと思います。古い家が持つ日本の住文化を現代に生かし、そこに住む人の豊かな感性を育むために、たとえ小さくても庭があり、自然とともに暮らせるような家を作る必要があります。私は常にそれを心掛けて、住宅の設計を行っています。写真２

はその一例です。

人は、忙しい日常生活の中で、「人間は大自然の一部にすぎない」、ということを忘れがちです。科学・技術の進歩にともなって、自然界の何事も人間がコントロールできるかのような錯覚に陥ることもあるのですが、これは間違いです。日々の生活の中で、たとえ敷地が小さくても、あるいはそれがビルの谷間のような大都会にあっても、豊かな大自然とともにあるように感じられる家を、設計によって造りだすことは可能です。家族の形態がどのように変わろうとも、人々がその生活の拠り所とするのは、住宅であることに変わりはないと思います。そこに居ることで、空や緑、目に映る景色の中に、また光や風の中に、自然を感じ、地球上の全てのものと共にあることを感じることができる住まいを作っていくのが私の理想であり使命であると考えています。

（石井智子）

（写真２）中庭は小さくてもそれぞれの部屋から楽しむことができる。

撮影：写真1、2は東出清彦写真事務所

3. 伝統的木造住宅における教育・文化活動

（1）登録文化財の動態保存と異文化理解

羽曳野市郡戸にある筆者の生家（第1章1節参照）は、江戸時代に原形があり、明治二〇年（一八八七）頃に再建された明治期の旧家の趣をよく残している庄屋屋敷である。主屋はつし二階を持つ田の字型平面に座敷がつき、土間の梁架構は古い伝統をよく伝えている。これらに二棟の蔵、長屋門、付属屋、納屋を配した屋敷構えで、平成十一年登録有形文化財に登録された。その後、平成二〇年に、主屋の南側に接続する応接室と仕切塀、東築地塀、南築地塀、西築地塀の五件が追加登録され、合計十一件になった。この五件の追加登録は、当家の建築変遷を補強するとともに、主屋を中心とした屋敷構成を明確なものとして、屋敷地全体の歴史的景観保存に貢献するものとして価値がある。（国指定文化財等データベース http://kunishitei.bunka.go.jp/bsys/index_pc.asp 参照）

「文化財を保存し、且つ、その活用を図り、もって国民の文化的向上に資するとともに、世界文化の進歩に貢献すること」という文化財保護法の目的に沿って、この建物の文化財としての価値を保持しつつ、これからも新しい文化を生み出し続けるための活用計画として、二〇〇〇年春より羽曳野市と同教育委員会の支援・協力を得て建物の一般公開と畑田塾ならびに文化フォーラムを開始した。幸い、活動を開始して半年あまり経った頃に、趣旨に賛同して下さる多くの方々のご理解とご努力で「畑田家住宅活用保存会」（初代会長　畑田勇氏、現会長　中村貞夫氏　平成二七年八月一六日現在、正会員二七二名、特別会員五六名）を結成することができて、活動が軌道にのった。

畑田塾は、江戸時代からの文化・歴史を語りかける屋敷の中で、たとえ漠然とではあっても将来のことを考えはじめる小学校高学年、中学生、高校の生徒に、いろいろな分野の専門家との対話と学習を通して、将来の道を見つけるきっかけをつかんで貰うのが目的である。この年代の子供の教育には学校だけでなく親や保護者のつくりだす環境が大変大事であることを考えて、子供と一緒の参加を奨励している。

趣旨に賛同し応援に駆けつけてくださる方も多い。その中の一人大阪大学言語文化研究科博士課程の学生（本文執筆時、現在は明治大学教育学部准教授）高馬京子さんの言葉をかりて、畑田塾の意義と将来展望を伝えたい。

中学、高校と受験を意識した勉強しかしなかった私が「自分の道」をようやくみつけたのは、大学、就職を経て大学院に再入学した三二才の時でした。それだけに、受験とは関係なしに「学問」に小・中学生の時期から触れられるのは本当に意義深いことだと思います。先生方のお話は小・中学生にとって興味はあっても少々難しいかもしれません。しかし、そういう問題が存在することすら知らないことと、よくはわからないけれどそういう問題があることは知っていることの違いは、将来各自の進路決定の際に大きく影響すると思います。参加した子供、さらには大人も（私も含め）一緒になって、畑田塾が蒔いて下さった種を各自で今後育て、各々の花を咲かせていければばと思います。

一方、第一回畑田塾前日に開催した一般公開には、一〇〇名を超える参加者があった。どちらかと言えば年配の方が多く、古い家や道具、風習への郷愁を覚えつつ昔の文化の良さを確認しておられるようであった。筆者としては、これからもできるだけ広い層の方々にこの屋敷に接して頂き、建物の新しい魅力や個性を引出して、この畑田家住宅を美しく生かし続けることが出来ればと願っている。この様な建物の持つ個性や文化を、外国の若者はどのように感じとるのだろうかと思い、留学生達を招いて家の中を隅なく見て貰った。その中の一人で筆者がカウンセラーをしている韓国からの留学生（米山財団奨学生）金明珉さんが寄せてくれた感想文の一部（ほぼ原文のまま）を次に掲げる。

誘われて行った畑田さんの生家である江戸時代からの古い家での体験は私の心にすごく感動として響いてきた。昔からの日本の姿が至る所にそのまま歴史とともに静かに息づいており、日本の人々のやさしい心使いと知恵と歴史が伝わってきた。そしてそれを未だ守りつづけていることも私の心に感動を伝えてくれた。そこで私は、なかなか経験することの出来ないことを体験し、自分が探してきた本物の日本の姿と出合え、身近に感じることが出来て、少しは日本の心にも近づいているような気までして、米山奨学生になったことがきっかけの出合いの有難さを感じることになった。そして、いつのまにか、嫌いだった、たこ焼きが大好物となり、おかずに焼そばを作っている。少しずつではあるが、確かに日本を理解し、本当の日本の心に近づいてゆく私自身の姿があった。

金明珉さんのことは第1章2節(1)小節で少し紹介したが、彼女は、今、大阪大学法学研究科修士課程で商法を学び、日本と韓国の会社法の比較研究をしている。その成果を自国の経済の発展に役立たせたいのだという。本物の日本を知り、触れ合い、理解したいと思いつつも日頃は勉学に忙しく、中々その機会がなく、たまに訪れる観光地などでは、日本を肌で感ずることは出来ず、日本にいながら日本が遠い存在のままだったという。それが、筆者の生家を訪れ、古くからの家の構造や仕組み、そこに住まってきた人々の生き方や生活の工夫、またその産物としてのさまざまな道具類などを筆者の説明を聞きながら見ることで、日本人の生き方、日本の心を感じ取り、日本理解の一助としてくれたわけである。座敷の障子の透き間から見える庭のたたずまい、逆に庭から垣間見る座敷の中の人の気配などに心のやすらぎを覚え、こわごわ登ったつし二階では小さな明り取りだけなのに明るくて風通しの良い広々とした空間に驚き、またある種の冒険心を掻き立てられたという。道具類では、井戸のつるべや手押しポンプ、米搗きの杵や鍬、鋤などの農具類、藁でつくられた雨具、花嫁の輿入れに使われた駕籠などが家の中のあるべき所に生活感を保ったままで納まっている様子に、観光地や博物館とは違う共感を覚え日本の心を感じとることができたようだ。彼女の一族では、今、長男が代々引き継いできた家をこれからも守って行くのに親戚がどのような支援ができるかを考えているという。日本の古くからの家のたたずまいに現代の便利さを融合させた家の設計を建築関係者はもっと真剣に考えて欲しい、と言うのが彼女の結びの言葉であった。

金さんの感想文を読み、話を聞いて、この家はそこに住まってきた多くの人々の心とともに生きている、われわれの先祖は眠ってはいても家とともに息づいているのだということをはっきりと実感することができた。この家に宿る先人の心が、金さんの心の琴線に触れたわけである。文化財の持つ不思議な力と言うべきであろうか。この古い家をさらに一〇〇年、二〇〇年と生かし続けることは並大抵のことではない。第一、筆者一人で出来ることではない。それでもなお、この困難に立ち向かおうという勇気を金さんは与えてくれた。同時にまた、冒頭に述べた「文化財をもって国民の文化的向上と世界の文化の進歩に貢献する」という文化財保護法の深い意味が少しは理解できたように思う。

一般公開の午後に行うフォーラムでは、いろいろと活発な意見交換があり、会の幕引きに困ることも多い。二〇〇〇年十一月一二日の国際理解フォーラム「世界の人々と文化を語ろう」は、多文化共生の時代をどのように生きて行くべきかを考えることを一つの目的として開催した。アメリカ、ニュージーランド、韓国、台湾、中国、ルーマニア、コンゴ、カナダ、ドイツ、オーストリア、日本の計十一ヵ国から七〇名が畑田家の客間、仏間、食堂、寝室の四間で構成されている田の字型スペースに集まり，多少混雑気味ではあったが、決して息苦しくはない開放的で温かい雰囲気の中で、会は進行した。外国の参加者は教師、留学生、大工さんなど日本在住の人達であり、日本の参加者は羽曳野市民のみならず、近畿一円、遠くは関東から来ていただいた方もあった。会では、日本を含めて八ヵ国の参加者からの食文化、住宅と文化、社会における男女の役割、少子化問題、教育制度、外国人の日本生活などについての五〜一〇分間の話題提供に続いて、聴衆からの質問をまじえた討論が行われ、予定の二時間をはるかに越えても話のつきることがなく、続いて行われたお茶とお菓子の懇親会にも多くの参加者があり、会議中には出せなかった話題に花が咲き、筆者が終了をアナウンスすると「もう止めるのか」と言う声が飛び出すほどの盛況であった。

二〇〇一年五月二七日の「オルゴールを楽しむ集い」には一〇〇人を超える参加希望者があり、二回に分けて実施することになった。古い木の家での、シリンダーオルゴール、ディスクオルゴール、ストリートオルガンとリードオルガンの演奏に筆者のオルゴールの歴史と科学の話を交えた一時間は参加者の心と体に強い響きを残したように思われる。特に、シリンダーオルゴールの繊細で音域の広い音色が、家中に広がるさまは、古い木の家の良さをあらためて実感させてくれた。オルゴールの音色そのものも、半分以上が箱の木で決まる。古い木ほどセルロース分子間の相互作用が強くなり、内部摩擦が少なくなる。これがアンティークオルゴールが良い音を出す理由の一つでもある。自然の木目の美しさや手触りが人の心にいろいろな働きかけをしてくれるのが木の家の良さの一つであり、またオルゴールの特徴でもある。当日の参加者はこのようなことを実感しつつ、オルゴールの音色を単に聴覚だけでなく、五感の全てを働かして心と体で聞いて頂いたものと思う。

二〇〇一年十一月十一日の環境理解フォーラム「二一世紀のエネルギーを考える」では、太陽光発電の第一人者で立命館大学副総長（当時）の濱川圭弘氏（平成二七年文化功労者）が「二一世紀文明と新エネルギー」と題して、二次エネルギーである電気を起こす燃料の石炭、石油、原子力への移り変わり、エネルギーと経済ならびに環境との関連を分かりやすく説明し、環境破壊をせずに経済を活性化できるエネルギー源は太陽光しかないことを述べられた。太陽電池による発電も二〇〇五〜一〇年には原子力発電とほぼ同じコストになる見通しという。次いで五年前から自宅で四キロワットの太陽電池を使っている畑田家住宅活用保存会長の畑田勇氏が、五年間の詳細な発電記録を基に、現在の太陽電池が羽曳野市周辺でどの程度の性能を発揮できるか、また、太陽電池を設置してから電気の節約に随分気を使うようになったことなど自身の生活ぶりを話された。その後、太陽電池の性能向上の見通し、電池の寿命と再生の可能性、廃棄した時の環境への影響、天候や地域と発電効率との関係などについて参加者全員による熱のこもった議論が行われた。三洋電機による太陽電池関連の展示もあり、筆者自作の風力オルゴールが太陽電池で回っている扇風機で一日中音楽を奏でるなど、有意義で楽しい一日であった。

太陽光発電を主題とするフォーラムの第二弾として、大阪大学産業科学研究所小林光教授による「太陽光発電の現状と未来」が二〇一四年三月一六日に行われた。濱川先生のフォーラムから一〇年以上を経て、太陽発電の効率も著しく向上し、二一世紀の新エネルギーとしての太陽光による発電のいろいろな問題点をゆっくりと議論することが出来た。また、小林氏の上手な説明で、太陽光による発電の根本原理も参加者の半分近くが何とか理解することが出来た興味深いフォーラムであった。

この一五年間にいろいろな分野、年齢の方々が畑田家を訪ねて頂いた。外国のお客様もかなりの数になる。皆それぞれに自分の持つ文化に、日本の伝統家屋の一つ畑田家の担う文化を重ねて、畑田家を見て考えを述べていただく。そして畑田家に新しい文化を付け加えていただいている。畑田家でのフォーラムは、文学、科学、医学、教育、国際などのいろいろな分野について、九〇分の講演と九〇分の話し合いという形式で現在も続いていて、活発な討論が行われている。

納屋をアトリエにして、筆者の義兄の画家中村貞夫氏が、自然をテーマに油彩画の大作を画き続けている。国費留学で来日したイギリス人の画家が畑田家住宅を訪ねた時、「日本人の多くは結果を急ぎすぎるが、中村氏の仕事はこの建物のようにゆったりしている」と指摘されたそうである。「私の作品は畑田家住宅が生み出している」とは中村氏の述懐である。


本小節は、建築修復学会誌　建築医八巻三号56～57頁、および日本建築協会発行の「建築と社会」二〇〇二年六月号49～50頁に筆者が執筆した論文の内容を許可を得て一部改訂・加筆して作成したものである。

（2）登録文化財での活動の実例

畑田家住宅での畑田塾

現在の学校建築は、小学校から大学まで殆ど全てが鉄筋コンクリート建てとなってしまった。勿

畑田塾でのノーベル化学賞受賞白川英樹先生の電気を通すプラスチックのお話

論、鉄筋コンクリート建築を全面否定するつもりはない。ここでは、モダニズム建築（第1章6節参照）の中で機能性のみを重視した箱のような鉄筋コンクリート建築に限定しておく。学校が鉄筋コンクリート造になっただけではない。子供や学生の住む住宅もまたかなりの部分が鉄筋コンクリート造なのである。家と学校をつなぐ道は舗装道路で子供たちが木や土に触れる機会は少ない。小学校の出前授業で「木の家に住んでいる人は」と聞いて、誰も手を上げないこともある。木の家が子供たちからはるかに遠い存在になってしまっている。こんなときに、古い木造住宅の中で行われている教育・文化活動の意義は大きい。たとえば、登録文化財畑田家住宅活用保存会は、本節の冒頭でも述べたようにたとえ漠然とではあっても将来のことを考えはじめる小学校高学年から高校の生徒を対象として、いろいろな分野の世界一流の専門家との対話と学習を通して、将来の道を見つけるきっかけをつかんで貰うことを目的として、畑田塾を開催している[1]。参加した子供達は、畳敷きの部屋でその道の専門家から親しくお話を聞いて、これまで知らなかった分野、考えてもみなかったことへの関心を呼び起こされる。普通の家の中で話を聞くことで、その先生を身近に感じることが出来て、互いに心の通い合った良い集まりとなる。また、こわごわ、つし二階に登ったり、床の下にもぐったりして家の中を探検し、あちこちに無造作に置かれた昔の生活用具や、どの様に使われていたのかよく分からない中二階の小部屋などを見て、この家に暮らしてきた人々の生活様式や風習に思いを馳せ、自分達とは違う時代に生きた人々の歴史と文化を感じ取っていく。

ここで、再び、第1章2節(2)小節で述べた緒方淳子氏が畑田塾を伝統的木造住宅の中で行うことの意義を述べた文章[2]を引用させていただく。「江戸時代に原形があり、明治に再建された庄屋屋敷で、長屋門をくぐり、母屋に入って井戸や厠を横に見て母屋に入り、土間に立って見上げると、立派な梁がつやつやと光り、つし二階も端が少し見えて、昔からの道具類が収まっているらしいとわかる。床も高く、縁の下にも入れそうだ、土間の端に置いてあるあれは何に使うものかな、畳の部屋の向こうはどんな部屋が続いているのかな、奥深そうだ、二階にはどこから登るのかな、たちまち子供たちの好奇心は刺激されます。この家に住んでいた昔の人はどんな生活をしていたのだろう、あの庭の向こうの建物で何をしていたのかな…と際限なく興味と関心は広がります。そうして漠然と歴史と文化の香りを感じて畳に行儀よく座って講義を聴く。子供の後ろや横にいるお父さんやお母さんと、家に帰ってからの話題は尽きないことでしょう。なにしろ畑田塾は登録有形文化財を教室に

山田家でのハワイアンの演奏会

ナヤ・ミュージアムでの土壁塗り

しているのです。なんと贅沢な塾でありますことか」。

141頁にも述べたが、畑田塾には子供と親・保護者一緒の参加を奨励している。ただ、最近は、子供は塾やいろいろな行事で日曜日も大変忙しく、親・保護者の方がかなり多い畑田塾になっている。

山田家住宅・新川家住宅

畑田家住宅活用保存会と同様な活動は、たとえば、大阪府泉南市の登録文化財山田家住宅[3,4]や泉佐野市の市指定文化財旧新川家住宅[5]でも活発に行われている。山田家では、登録文化財に登録すると同時に、保存しながら活用し、町の活性化にも活かしたいとの思いから、地元市民の有志の協力を得て「登録文化財山田家住宅保存活用協議会」を発足させ、会の主催で毎月第四日曜日を公開日とし、展覧会やコンサート等を開催している。また、米蔵が民俗資料館として公開されており、昔の機具を使ったむしろ作りなどのイベントも計画されている。

一方、旧新川家住宅は現在泉佐野市の指定文化財で泉佐野ふるさと町屋館として一般公開されている。また、月一回の朝市のほか、いろいろな展示会などがここを拠点として活動するNPO「泉州佐野にぎわい本舗」により行われている。いずれも指定や登録の文化財の住宅を活用した生涯教育である。

ナヤ・ミュージアム

　堺市にある登録文化財兒山家住宅でのナヤ・ミュージアムの活動は異色で、精彩を放っている。[6]この活動は、登録文化財に登録された後、いろいろな文化活動を行う中で、近隣の主婦から「建物は所有者の物でも、この建物が構成する歴史景観はみんなのものだから、この家を是非のこして欲しい。私たちにも何かお手伝いできることはないですか?」という一声から始まった。先ず、埃だらけの納屋や外蔵の掃除を鼻の穴まで真っ黒にしながら始め、先人の生活に思いを馳せながら当時の生活がしのばれる農具や生活用具など実際に手に取り、ボロボロの行灯は紙を張り替えて補修し、へっつい(竈)さんで、伝統食の茶粥を炊いて、昔の什器に盛りつけたりして、月二回みなで楽しんできたという。

　それを発展させたのが、二〇〇四年から本格的に始められた「ナヤ・ミュージアム」つくりである。堺市の博物館での仕事の経験もある中井正弘氏の企画と指導で、見るだけではなく、「作って楽しいミュージアム」の活動が開始された。現在、様々な職業の人、主婦、学生など大人から子供まで、みんなが作り手になって、納屋、門長屋、外蔵をミュージアムとして活用していこうとしている。文字通り「納屋」を使っていることと、中世の堺の繁栄を支えた「納屋衆」の自治の心意気で作っていこうということで「ナヤ・ミュージアム」と名づけられた。展示テーマには①須恵器の里　②近世～近代の農業と生活　③大美野田園都市開発と西野文化村　④泉北ニュータウン開発　⑤陶器川流域の自然と環境の五つが設定されている。ミュージアム活動には、展示計画や資料台帳作りだけではなく、雛祭りや葭戸《よしど》の入れ替えなどの年中行事、土壁塗りやその上に張る焼き板作り、土間の三和土《たたき》作り、大工仕事までを含んでいるのがこのミュージアムの特徴である。また、精華高校環境福祉コースの清掃ボランティアの受け入れや、府立堺東高校の「堺学」および探求講座「ミュージアムを作ろう!」の授業にも協力しているという。古民家を教場として実践的な住育を行うという意欲的な取り組みの好例である。

吉村医院

愛知県岡崎市の吉村医院では、古い茅葺き農家を移築した建物を妊婦の自然分娩のためのトレーニングに使っている。この建物は妊婦の緊張を解くのに非常に効果がある。陣痛を感じて病院を訪れる妊婦は近代的な分娩室に入ると陣痛がやむことが多いのに、この建物では逆に陣痛が起きる。二〇年ほど前から、この建物で自然分娩の準備のための拭き掃除、薪割、井戸からの水汲みなど各種の作業、自分たちがかまどで炊いたご飯を食べる昼食、ミーティングなどが行われている。期間は、普通の妊婦が一週間前から、逆子や難産の傾向のある妊婦は一ヵ月ほど前からと、妊婦によって異なる。このトレーニングの結果、帝王切開はほとんどなくなったという。自律神経系のうちの交感神経が緊張すると陣痛が止まるが、逆に副交感神経が緊張すると陣痛が促進される。古い木造民家でのトレーニングはそのような効果を示すと考えられている(7、8)。

(畑田耕一)

参考文献

（1）畑田家住宅活用保存会ホームページ　http://culture-h.jp/hatadake-katsuyo/

（2）緒方淳子「子供たちの眼に輝きを」―畑田塾の更なる発展を願って―、畑田家住宅活用保存会年報、第六号、（二〇〇七）八頁　http://culture-h.jp/hatadake-katsuyo/nenpo6.pdf

（3）泉南市ホームページ　http://www.city.sennan.osaka.jp/~maibun/bunkazai/yamadake.htm

（4）山田亨、登録有形文化財を守りたい！―我が家の奮戦記、大阪府登録文化財所有者の会ホームページ「文・随想」http://www.culture-h.jp/tohroku-osaka/bun8.html

（5）泉佐野ふるさと町屋館　http://www.city.izumisano.lg.jp/shisetsu/rekisi/matiyakan.html

（6）兒山万珠代、「つくる」ことを楽しむ「ナヤ・ミュージアム」、大阪府登録文化財所有者の会ホームページ「文・随想」のページ　http://www.culture-h.jp/tohroku-osaka/bun11.html

（7）大河直躬、『歴史ある建物の活かし方』出版記念シンポジウム（歴史ある建物の活用に向けて）―これからの活用―　http://www.gakugei-pub.jp/kanren/rekisi/semi05/02-5.htm

（8）清水真一・蓑田ひろ子・三船康道・大和　智編「歴史ある建物の生かし方」（一九九九）学芸出版社　ISBN4-7615-3079-0　http://www.gakugei-pub.jp/kanren/rekisi/semi05/index.htm

コラム

重要文化財　吉村家住宅（羽曳野市）

吉村家全景

学生さんたちと古文書の整理　2015.8

秋の公開　2015.10

コンサート　2015.10

本コラムの写真は、吉村家住宅保存会の許可を得て、同会ホームページの画像を掲載した。

おわりに

本書では人間が生きていくための三大要件、衣・食・住の中の一つである「住」について、伝統的木造日本住宅がそこに住まう人達の生きる力の根本である想像力を高め、人間形成と文化伝承のための教育の場として大変重要な空間であることを述べてきた。日本の古い木造家屋は、これまでの日本の文化の担い手であるだけではなく、新しい文化発信の拠点でもある。「文化財を保存し、且つ、その活用を図り、もって国民の文化的向上に資するとともに、世界の文化の進歩に貢献すること」という文化財保護法の目的は、このことを見事に言い表している。一つとして同じ模様のない木目のある天井の下で暮らせる子供は幸せである。そうでない子供にも同じような機会を与え、想像から創造に広がる世界に遊ばせることが、歴史のある伝統的日本住宅に係わるものの使命である。そして、教育基本法前文の「豊かな人間性と創造性を備えた人間の育成を期するとともに、伝統を継承し、新しい文化の創造を目指す教育を推進する」という崇高な精神の具現化を子供達に行うのに伝統的日本住宅は格好の教材であり教場である。

人は生きていくために何かを作って食さねばならない。自分で作った、あるいは誰かに作ってもらった食事を食べてみて、自己の中に沸き起こる味、好き嫌い、満足感などの感情や身体へのいろいろな面での影響はその後の食事作りに何かの形で生かされて、食文化が形成されていく。人は毎日食事をするのが習慣なので、食文化の継承と深化に関わる時間のスパンは比較的短いことになる。衣服の文化（衣文化）も同じような根本原理に従って形成されてきたと考えられるが、それに関わる時間のスパンは食文化に比べてかなり長い。もう一つ食文化との大きな違いは、衣文化に直接かかわる財である衣服は食事に比べて相当寿命が長いという点である。すなわち、特定の衣服は、特定の食事とは異なり文化財たり得るのである。

住文化に関わる時間のスパンは食文化や衣文化に比べて桁外れに長い。家の寿命は食事や衣服の寿命に比べて桁外れに長いからである。それだけに、家の文化財としての意義は大きく深い。自分が住まう家を建てる人は、家についての知識を基にして自己にとって好ましいと思う家を建てる。自己の歴史と文化を注ぎ込んで自分にとって好ましいと思う家を作り、建ち上がった家とともに生活し家と対話することで、その家の住育の力と自己の教養・文化の力を高め、新しく建ち上がった家に未来に残すべき文化を付け加えて次世代に引き継いでいくのである。家には、建てて住んでみて初めて分かる不具合もある。そのような時に、もし必要であれば、改築・補修を行って、家の住み易さを改良し住育力を高めることになる。建築後の改築・補修は木造住宅の方が行いやすいのは言うまでもない。自らが住まう家の住育力を活用して自分を高め、それによって、また、家の住育力を高め深めるということの繰り返しで、自らの家を素晴らしい文化財として未来に残していくのがその家に住まうものの大事な使命である。そしてその営みの根本の力、すなわち住文化の根本の力も、食文化、衣文化と同様に想像力に他ならない。

産業革命によって新しく大量に作り出せるようになった鉄、コンクリート、ガラス、さらにはアルミニウムなどを材料としてつくられた家はそこに住む人にとって快適な空間を持つ住宅を作りだすことはできるが、住育の力を発揮して住人の想像力を高める能力は低いように思われる。多くの国民が登録文化財や指定文化財のような古い木造の日本住宅に住んでいた時代には子供の頃からごく自然に行われていた生きる力の根本である想像力の養成が、最近は教育の世界で教育関係者がかなりの努力をしても困難になってきたのは事実である。その大きな原因の一つは登録文化財をはじめとする古い木造建築物の保存・補修のための費用調達の困難さに伴う伝統的な建造物の消滅である。古い建造物の保存と活用にはどうしても公的資金の投入が必要である。ただ、その金額は国民一人当たり年間数百円程度で十分なのである。文化芸術立国を国の目標とする我が国が用意できない金額とは思えない。文化・芸術を通して日本が率先して世界の平和をリードし、人々の幸せに貢献できる国に成長するための弛まざる努力を文化財の活用・保存と教育に携わる者の一人として続けていきたいと思う。関係者の皆様、ヘリテージマネージャーの方々、そして心ある国民の皆様方のご支援・ご協力を切にお願いする次第である。

本書の発刊に当たり、いろいろな面でご指導とご助言をいただいた教育・文化財関係の皆様方、畑田家住宅活用保存会 中村貞夫会長をはじめ会員ならびに協力・支援者の皆様方、そして編集面で多大なご尽力・ご協力をいただいた大阪大学出版会大西愛様に心から深く感謝いたします。

執筆者紹介（執筆順）

林　義久（はやし　よしひさ）
元大阪府教育委員会文化財保護課総括主査
文化財保護課ただ一人の建造物専門職員として、20年にわたり府内文化財建造物の保存に携わった。平成21年3月をもって定年退職。近代和風建築や近代化遺産の総合調査を主導し、報告書を刊行。登録文化財制度の推進にも尽力し、大阪府が全国屈指の登録数を誇る礎を築いた

矢野富美子（やの　ふみこ）
元大阪大学技術職員、畑田家住宅活用保存会幹事
趣味は卓球、写真、野菜作り、ボケ防止のための英語と書道の勉強
最近は孫の世話にも力を入れている

多和田　誠（たわだ　まこと）
㈱カネカ研究員。専門は高分子材料の開発
熱可塑性エラストマーおよびポリイミドに関する特許多数
趣味は山歩き、読書。一男、一女の父

脇田　修（わきた　おさむ）
大阪大学名誉教授、専門は日本近世史
著書は「日本近世都市史の研究」東京大学出版会（1994）
「近世大坂の経済と文化」人文書院（1994）
「懐徳堂とその人々」大阪大学出版会（1997）他

長島美由紀（ながしま　みゆき）
(公財)地球環境産業技術研究機構（RITE）システム研究グループ 主任研究員。専門は地球温暖化対策、環境技術移転。著書は M. Nagashima, R. Dellink, E. van Ierland and H.-P. Weikard, Stability of International Climate Coalitions: A Comparison of Transfer Schemes, Ecological Economics（2009）等。二児の母で子育てに奮闘中

地村邦夫（ちむら　くにお）
大阪府教育委員会文化財保護課総括主査
考古学技師として埋蔵文化財の発掘調査に携わった後、府立近つ飛鳥博物館建設準備室、府立弥生文化博物館で学芸員として展示会の開催や研究事業に従事。その後文化財保護課に戻り、史跡・名勝・天然記念物担当等を経て、平成20年9月より林義久の後任として文化財建造物を担当している

石井智子（いしい　ともこ）
石井智子美建設計事務所主宰、1級建築士、ヘリテージマネージャー
専門は住環境学、 建築は「和をもって貴しとなす」をコンセプトに自然界と和する建築の設計に励んでいる。著書は「滋賀県近世民家にみる住まうための工夫」共著、文化財研究所奈良文化財研究所文化遺産研究部建造物研究室会（2002）

畑田　耕一（はただ　こういち）大阪大学名誉教授
昭和 9 年大阪市生まれ。大阪大学理学部化学科卒、大日本セルロイド㈱（現ダイセル化学工業㈱）勤務。のち大阪大学基礎工学部助手、助教授、教授、基礎工学部長、大阪大学副学長他を務める。平成 10 年大阪大学を退官後は、福井工業大学応用理化学科教授、放送大学客員教授、豊中ロータリークラブ会長等。専門は高分子科学。国際純正応用科学連合高分子命名委員会委員、Polymer Bulletin, Progress in Polymer Science, Polymer News など多くの国際誌の編集委員として国際奉仕活動にも尽力した。羽曳野の生家が国登録有形文化財に登録されたのを機に文化財の活用保存活動に力を入れ、平成 17 年より大阪府登録文化財所有者の会会長を 10 年間務めた。青少年奉仕活動として小・中・高等学校への出前授業を現在も行っている。著書は「科学技術と人間のかかわり」共編著、大阪大学出版会（1998）、"*NMR Spectroscopy of Polymers*", 共著、Springer（2004）など。高分子学会高分子科学功績賞、オーストリア化学技術研究所「ハーマン F. マーク賞」、国際高分子特性会議「ポール J. フローリー高分子研究賞」他受賞。趣味は写真。風景写真を好むが、妻美智子のガラスアート撮影にも力を入れる。
http://culture-h.jp/hatadake-katsuyo/index.html

阪大リーブル 52

むかしの家に学ぶ　登録文化財からの発信

発 行 日　2016 年 2 月 13 日　初版第 1 刷発行

編 著 者　畑 田 耕 一

発 行 所　大阪大学出版会
代表者 三成賢次

〒 565-0871
吹田市山田丘 2-7　大阪大学ウエストフロント
TEL　06-6877-1614（代表）
FAX　06-6877-1617
URL　http://www.osaka-up.or.jp

印刷・製本　尼崎印刷株式会社

ISBN 978-4-87259-434-8 C1352

HANDAI Live

阪大リーブル

- 001 ピアノはいつピアノになったか？ （付録CD「歴史的ピアノの音」） 伊東信宏 編 定価 本体1700円+税
- 002 日本文学 二重の顔 〈成る〉ことの詩学へ 荒木浩 著 定価 本体2000円+税
- 003 超高齢社会は高齢者が支える 年齢差別《エイジズム》を超えて創造的老い《プロダクティブ・エイジング》へ 藤田綾子 著 定価 本体1600円+税
- 004 ドイツ文化史への招待 芸術と社会のあいだ 三谷研爾 編 定価 本体2000円+税
- 005 猫に紅茶を 生活に刻まれたオーストラリアの歴史 藤川隆男 著 定価 本体1700円+税
- 006 失われた風景を求めて 災害と復興、そして景観 鳴海邦碩・小浦久子 著 定価 本体1800円+税
- 007 医学がヒーローであった頃 ポリオとの闘いにみるアメリカと日本 小野啓郎 著 定価 本体1700円+税
- 008 歴史学のフロンティア 地域から問い直す国民国家史観 秋田茂・桃木至朗 編 定価 本体2000円+税
- 009 懐徳堂 墨の道 印の宇宙 懐徳堂の美と学問 湯浅邦弘 著 定価 本体1700円+税
- 010 ロシア 祈りの大地 津久井定雄・有宗昌子 編 定価 本体2100円+税
- 011 懐徳堂 江戸時代の親孝行 湯浅邦弘 編著 定価 本体1800円+税
- 012 能苑逍遥(上) 世阿弥を歩く 天野文雄 著 定価 本体2100円+税
- 013 わかる歴史・面白い歴史・役に立つ歴史 歴史学と歴史教育の再生をめざして 桃木至朗 著 定価 本体2000円+税
- 014 芸術と福祉 アーティストとしての人間 藤田治彦 編 定価 本体2200円+税
- 015 主婦になったパリのブルジョワ女性たち 一〇〇年前の新聞・雑誌から読み解く 松田祐子 著 定価 本体2100円+税
- 016 医療技術と器具の社会史 聴診器と顕微鏡をめぐる文化 山中浩司 著 定価 本体2200円+税
- 017 能苑逍遥(中) 能という演劇を歩く 天野文雄 著 定価 本体2100円+税
- 018 太陽光が育くむ地球のエネルギー 光合成から光発電へ 濱川圭弘・太和田善久 編著 定価 本体1600円+税
- 019 能苑逍遥(下) 能の歴史を歩く 天野文雄 著 定価 本体2100円+税
- 020 懐徳堂 市民大学の誕生 大坂学問所懐徳堂の再興 竹田健二 著 定価 本体2000円+税
- 021 古代語の謎を解く 蜂矢真郷 著 定価 本体2300円+税
- 022 地球人として誇れる日本をめざして 日米関係からの洞察と提言 松田武 著 定価 本体1800円+税
- 023 フランス表象文化史 美のモニュメント 和田章男 著 定価 本体2000円+税
- 024 懐徳堂 漢学と洋学 伝統と新知識のはざまで 岸田知子 著 定価 本体1700円+税
- 025 ベルリン・歴史の旅 都市空間に刻まれた変容の歴史 平田達治 著 定価 本体2200円+税
- 026 下痢、ストレスは腸にくる 石蔵文信 著 定価 本体1300円+税
- 027 セルフメディケーションのための くすりの話 那須正夫 著 定価 本体1100円+税
- 028 格差をこえる学校づくり 関西の挑戦 志水宏吉 編 定価 本体2000円+税
- 029 リン資源枯渇危機とはなにか リンはいのちの元素 大竹久夫 編著 定価 本体1700円+税
- 030 実況《ライブ》・料理生物学 小倉明彦 著 定価 本体1700円+税

031 夫源病 こんなアタシに誰がした 石蔵文信 著 定価 本体1300円+税

032 ああ、誰がシャガールを理解したでしょうか？ 二つの世界間を生き延びたイディッシュ文化の末裔 CD付 圀府寺司 編著 定価 本体2000円+税

033 懐徳堂 懐徳堂ゆかりの絵画 奥平俊六 編著 定価 本体2000円+税

034 試練と成熟 自己変容の哲学 中岡成文 著 定価 本体1900円+税

035 ひとり親家庭を支援するために その現実から支援策を学ぶ 神原文子 編著 定価 本体1900円+税

036 知財インテリジェンス 知識経済社会を生き抜く基本教養 玉井誠一郎 著 定価 本体2000円+税

037 幕末鼓笛隊 土着化する西洋音楽 奥中康人 著 定価 本体1900円+税

038 ヨーゼフ・ラスカと宝塚交響楽団 （付録ＣＤ「ヨーゼフ・ラスカの音楽」） 根岸一美 著 定価 本体2000円+税

039 上田秋成 絆としての文芸 飯倉洋一 著 定価 本体2000円+税

040 フランス児童文学のファンタジー 石澤小枝子・高岡厚子・竹田順子 著 定価 本体2200円+税

041 東アジア新世紀 リゾーム型システムの生成 河森正人 著 定価 本体1900円+税

042 芸術と脳 絵画と文学、時間と空間の脳科学 近藤寿人 編 定価 本体2200円+税

043 グローバル社会のコミュニティ防災 多文化共生のさきに 吉富志津代 著 定価 本体1700円+税

044 グローバルヒストリーと帝国 秋田茂・桃木至朗 編 定価 本体2100円+税

045 屏風をひらくとき どこからでも読める日本絵画史入門 奥平俊六 著 定価 本体2100円+税

046 アメリカ文化のサプリメント 多面国家のイメージと現実 森岡裕一 著 定価 本体2100円+税

047 ヘラクレスは繰り返し現われる 夢と不安のギリシア神話 内田次信 著 定価 本体1800円+税

048 アーカイブ・ボランティア 国内の被災地で、そして海外の難民資料を 大西愛 編 定価 本体1700円+税

049 サッカーボールひとつで社会を変える スポーツを通じた社会開発の現場から 岡田千あき 著 定価 本体2000円+税

050 女たちの満洲 多民族空間を生きて 生田美智子 編 定価 本体2100円+税

051 隕石でわかる宇宙惑星科学 松田准一 著 定価 本体1600円+税

（四六判並製カバー装。定価は本体価格＋税。以下続刊）